21世纪高等学校计算机教育实用规划教材

多媒体教学资源设计与开发 课程设计

赵呈领　王忠华　黄海军　王艳凤　编著

U0914239

清华大学出版社
北京

内容简介

为了配合高等院校教育技术学专业学生的课程教学，加强学生对多媒体教学资源设计与开发实际应用技能的训练，提高学生分析问题和解决问题的能力，本书选取了各种类型的多媒体教学资源设计与开发方面的项目，从每个项目的需求分析、系统设计、系统实现等环节比较系统、全面地介绍了多媒体教学资源的设计与开发过程，并对每个项目提出了一定的延伸和拓展，引导学生进行分析与思考。

本书可作为高等院校教育技术学专业和相关专业本科生、专科生学习多媒体教学资源设计与开发的课程设计指导用书，也可作为广大从事多媒体资源设计与开发的教师及相关人员的参考用书。

本书封面贴有清华大学出版社防伪标签，无标签者不得销售。
版权所有，侵权必究。侵权举报电话：010-62782989　13701121933

图书在版编目(CIP)数据

多媒体教学资源设计与开发课程设计/赵呈领等编著.--北京：清华大学出版社，2015
21世纪高等学校计算机教育实用规划教材
ISBN 978-7-302-39538-6

Ⅰ.①多…　Ⅱ.①赵…　Ⅲ.①多媒体教学－课程设计－高等学校－教材　Ⅳ.①G434

中国版本图书馆CIP数据核字(2015)第039496号

责任编辑：刘向威
封面设计：常雪影
责任校对：焦丽丽
责任印制：沈　露

出版发行：清华大学出版社
　网　　址：http://www.tup.com.cn，http://www.wqbook.com
　地　　址：北京清华大学学研大厦A座　　**邮　　编**：100084
　社 总 机：010-62770175　　**邮　　购**：010-62786544
　投稿与读者服务：010-62776969，c-service@tup.tsinghua.edu.cn
　质 量 反 馈：010-62772015，zhiliang@tup.tsinghua.edu.cn
　课 件 下 载：http://www.tup.com.cn，010-62795954
印 刷 者：北京富博印刷有限公司
装 订 者：北京市密云县京文制本装订厂
经　　销：全国新华书店
开　　本：185mm×230mm　　**印　张**：12.75　　**字　　数**：231千字
版　　次：2015年4月第1版　　**印　　次**：2015年4月第1次印刷
印　　数：1～2000
定　　价：25.00元

产品编号：063004-01

前言

FOREWORD

《多媒体教学资源设计与开发课程设计》编写的主要目的是为学生在完成课程学习后提供一个较完整的多媒体教学资源设计与开发的课程设计实践，以指导学生能进行多媒体教学资源设计与开发的项目实践。本书特别注重学生综合实践应用能力的训练。

本书基本涵盖了大多数的多媒体教学资源类型和各种常用的多媒体教学资源开发工具的使用。全书共分两部分，第一部分是学前指导，包含两章内容；第二部分是项目实践，由 6 个项目组成，如下表所示。

章节		内容预览
学前指导	第 1 章	给出了“多媒体教学资源设计与开发”课程设计的过程及要求
	第 2 章	对多媒体教学资源设计与开发所涉及的基础知识进行了介绍
项目实践	第 3 章	阐述了交互式多媒体课件的制作背景及其设计内容，并对如何运用 Authorware 软件来制作交互式多媒体课件进行了比较具体的介绍
	第 4 章	阐述了多媒体教学光盘的制作背景及其设计内容，介绍了如何使用 Director 软件来制作多媒体教学光盘
	第 5 章	主要介绍了演示报告的应用背景和制作过程。本章重点讲解了演示报告的制作过程，其中包括素材的收集、母版的制作、标题页的制作等内容
	第 6 章	阐述了利用编程工具开发多媒体课件的思路与过程，并对如何运用 VB 软件来制作多媒体课件进行了介绍
	第 7 章	阐述了模拟实验课件的制作背景及其设计内容，并对如何运用 Flash 软件来制作模拟实验课件进行了介绍
	第 8 章	主要对虚拟仿真课件的制作背景及其设计内容进行了介绍，利用 3ds Max 软件完成了相应课件的具体制作

全书由赵呈领、王忠华、黄海军、王艳凤编著。胡思丝、张育清、陈焰、焦本斌等参与了部分章节的编写工作。在本书的编写过程中，我们参考并引用了大量有关多媒体教学资源设计与开发方面的文献、资料，在此对文献的作者致以衷心的谢意。

由于编者水平有限、时间仓促，书中难免有错误和不妥之处，恳请读者批评指正。最后，我们对支持本书编写和出版的所有人员表示衷心的感谢。

编　者

目录

CONTENTS

第一部分　学前指导

第二部分 项目实战

第一部分

学 前 指 导

第 1 章

“多媒体教学资源设计与开发”课程设计目的及要求

本章提要

本章首先介绍了“多媒体教学资源设计与开发”课程设计的目的，然后提出了“多媒体教学资源设计与开发”课程设计的要求和课程设计报告的书写规范，最后还讨论了“多媒体教学资源设计与开发”课程设计的考评办法。本章的内容篇幅不多，但是希望学习者在进行课程设计之前一定要明确该课程设计的目的和要求。

本章重点

- “多媒体教学资源设计与开发”课程设计的目的
- “多媒体教学资源设计与开发”课程设计的要求
- “多媒体教学资源设计与开发”课程设计的考评办法

1.1 “多媒体教学资源设计与开发”课程设计目的

多媒体教学资源的设计与开发是教育技术学专业本科生应该掌握的基本技能，多媒体教学资源的设计与开发既需要相关的理论知识作指导，又要求学生具有多媒体教学资源的开发能力。通过相关课程的课堂教学和实验教学，学生了解了多媒体教学资源的设计过程、设计内容和相关软件的基本使用。但是课程学习过程中的实验项目一般是规模较小的实验，而“多媒体教学资源设计与开发”课程设计的目的是充分弥补课堂教学和实验中知识深度和广度有限的问题，引导学生将已经学习的多媒体教学资源设计理论与具体的实现技术结合起来，通过规模较大的课程设计项目实践的综合训练，扩充知识，开阔学生的视野，使学生的学习深化，达到强化学生综合运用知识的能力，锻炼学生解决实际问题的能力。

1.2 “多媒体教学资源设计与开发”课程设计要求

1.2.1 课程设计的特点

课程设计与一般的课程实验不同，不仅表现在实验项目的规模大小有所不同，更重要的是课程设计更关注理论知识的综合运用，具有综合性高的特点，注重锻炼学生的实际动手能力和解决实际问题的能力。

1.2.2 课程设计的要求

“多媒体教学资源设计与开发”课程设计的主要目的是为学生在完成相关课程基本内容的学习后提供一个较完整的多媒体教学资源设计与开发的项目实践，本书提供的

6个课程设计项目涵盖了目前大多数的多媒体教学资源的类型和各种常用的多媒体教学资源开发工具的使用，6个课程设计项目之间相对独立，每个课程设计项目具有一定的代表性，学生可以选取某个课程设计课题独立完成或几个人组成小组共同完成，体会多媒体教学资源设计的原理运用和实际开发过程。

1.2.3 课程设计报告的书写规范

学生在完成课程设计时须提交不少于6000字的课程设计报告，课程设计报告包括：

(1) 封面(题目、完成人、时间等)；

(2) 需求分析(选题背景、对象等)；

(3) 系统设计(教学设计、结构设计、脚本设计等)；

(4) 开发过程(开发工具的选择、主要技术的应用等)；

(5) 总结(经验体会、需完善的地方等)；

(6) 参考文献。

1.3 “多媒体教学资源设计与开发”课程设计考评

学生完成课程设计后，按要求上交课程设计的报告和作品，指导教师根据学生的出勤情况及学生在课程设计中的态度和表现、学生上交的多媒体作品等进行综合成绩评定。然后由2～3名教师组成答辩小组对课程设计成果参照表1.1所示的多媒体教学资源评价标准进行评价，通过答辩的方式考核学生的课程设计完成情况。课程设计成绩由指导教师给出的综合成绩和答辩小组给出的答辩成绩两部分组成，指导教师的综合成绩占40%，答辩成绩占60%。

表 1.1 多媒体教学资源评价标准

评价指标	评价标准
科学性(20 分)	内容正确,逻辑严谨,层次清楚
	模拟仿真形象,举例合情合理、准确真实
	场景设置、素材选取、名词术语、操作示范符合有关规定
教育性(30 分)	符合教育方针、政策,紧扣教学大纲
	选题恰当,适应教学对象需要
	突出重点,分散难点,深入浅出,易于接受
	注意启发,促进思维,培养能力
	作业典型,例题、练习量适当,善于引导
技术性(20 分)	图像、动画、声音、文字设计合理
	画面清晰,动画连续,色彩逼真,文字醒目
	配音标准,音量适当,快慢适度
	交互设计合理,智能性好
艺术性(20 分)	媒体多样,选材适度,设置恰当,创意新颖,构思巧妙,节奏合理
	画面简洁,声音悦耳
使用性(10 分)	界面友好,操作简单、灵活
	容错能力强
	文档齐备

第2章

多媒体教学资源设计与开发基础知识

本章提要

本章对多媒体教学资源的概念、特点和类型进行介绍，重点探讨了多媒体教学资源的设计原则和开发的一般流程，还介绍了常用的素材制作工具软件和资源集成开发工具软件。本章的内容涉及多媒体教学资源设计与开发的一些基础知识，希望学习者在进行项目设计与开发之前一定要对多媒体教学资源的设计原则和开发的一般流程有一个比较全面的了解。

本章重点

- 多媒体教学资源的概念和特点
- 多媒体教学资源设计与开发的一般流程
- 多媒体教学资源开发常用工具软件的特点

2.1 多媒体教学资源概述

多媒体教学资源在现代教学中应用非常广泛，特别是在基于信息化环境的教学中，整个教学过程是一个需要丰富的多媒体教学资源支撑的活动过程。

2.1.1 多媒体教学资源的概念

人们对于资源的理解是一个不断深化、扩展的过程，而且由于在研究领域和研究角度上存在差别，人们对资源的理解也有所不同。在人类社会的早期，人们开始意识到自然物质是“资财的源泉”，从而形成了自然资源的概念。《辞海》对“自然资源”一词的解释为：“自然资源是指天然存在的自然物，不包括人类加工制造的材料。如土地资源、水利资源、生物资源、海洋资源等，是生产原料的来源和布局场所。”所以人们对于“资源”的狭义理解，就是自然资源的定义。随着人类社会的发展和科学技术的进步，不仅拓展了狭义资源的范围，而且也使资源的概念从狭义走向广义。人们不仅把自然资源理解为资源，而且把人类劳动的社会、经济、技术等因素也理解为资源；不仅把物质、能源理解为资源，而且把信息也理解为资源。可以认为资源是一切可被人类开发和利用的物质、能源和信息的总称，如土地资源、矿产资源、森林资源、海洋资源、石油资源、人力资源、信息资源等。

教学资源指的是在学校教学过程中，支持教与学的所有资源，即一切可以被师生开发和利用的在教与学中使用的物质、能量和信息，包括各种学习材料、媒体设备、教学环境以及人力资源等。具体表现为教科书、参考书、练习册、活动手册和作业本等，也包括实验和课堂演示时所使用的实物，还包括录像、软件、网站、在线学习管理系统、教师、辅导员等可利用的资源。

随着多媒体计算机技术和网络技术的发展和应用，教学资源除了传统的教科书、参考书、练习册、活动手册等资源形式外，目前广泛使用的一类教学资源是多媒体教学资源。多媒体教学资源包括多媒体计算机、多媒体教室等硬件资源以及各种多媒体素材、教学课件、教学网站、网络课程等软件资源。本书所讨论的多媒体教学资源主要是指蕴涵了大量的教学信息，能创造出一定的教育价值、以数字信号的形式进行存储的多媒体软件资源。

2.1.2　多媒体教学资源的特点

与教科书等传统的教学资源相比，多媒体教学资源作为一种信息资源，除了具有一般信息资源的属性外，又具有多媒体的特性。所以多媒体教学资源具有数字化、表现力强、交互性好等特点。

1. 数字化

多媒体教学资源中包括大量的文本、图像、声音、动画、视频等多媒体信息，但是这些都必须经过数字化的处理，统一转换为数字信号，才能由计算机进行加工、处理。这种处理的数字化有利于资源的复制、传输和共享。

2. 表现力强

多媒体教学资源是利用多媒体计算机技术存储、处理各种媒体形式，如文本、图像、声音、动画、视频等。这与传统的单纯以文字、图片为表现方式的教科书、参考书等教学资源相比要丰富得多，具有更强的表现力。多媒体教学资源给学生提供的外部刺激不是单一的刺激，而是多种感官的综合刺激，这种刺激能引起学生的学习兴趣。

3. 交互性好

多媒体教学资源往往能够提供图文并茂、丰富多彩的人机交互环境，通过交互可以让学生能够按照自己的知识基础和习惯选择学习内容，激发学生学习的积极性，体现学生认知主体的作用。

2.1.3　多媒体教学资源的类型

依据不同的分类标准，多媒体教学资源的分类方法也多种多样。按照多媒体教学资源在教学过程中的使用和组织的形式，可大致分为媒体素材、多媒体课件、教学网站、网络课程、教学资源库等。

1. 媒体素材

媒体素材指传播教学信息的基本材料单元，可分为文本素材、图形/图像素材、音频素材、视频素材、动画素材五类。教师可以利用这些资源，并根据教学的需要，组织、丰富和更新教学内容，根据自己的教学方式进行设计和利用。

2. 多媒体课件

多媒体课件是在一定的学习理论指导下，根据教学目标设计的，反映某种教学策略和教学内容的计算机软件。根据课件特点和使用方式可分为课堂演示型课件、操练与练习型课件、指导型课件、模拟型课件、游戏型课件等。

3. 教学网站

教学网站是服务于教学活动的网站，是网络环境下教学资源的一种表现形式。如围绕某个专题建立起来的专题学习网站或者教师为学科教学建立的个人教学网站等。

4. 网络课程

网络课程是通过网络表现的某门学科的教学内容及实施的教学活动的总和。除了教学内容外，应该还有相应的教学活动来开展教学。所以，网络课程既要完整、有序地呈现知识内容，还要兼顾网络教学的特点，开展网上授课、自学、实验、辅导、答疑、作业、考试等各种教学活动。

由于教学网站和网络课程等教学资源主要是在网络环境中使用教学资源，有相关的书籍专门讨论教学网站、网络课程等网络教学资源的设计与开发。另外，各类媒体素材是其他类型多媒体教学资源设计与开发的基础，本书也不单独对媒体素材资源进行讨论，所以本书所讨论的多媒体教学资源主要是指各种类型的多媒体课件。

2.2　多媒体教学资源设计与开发的流程

2.2.1　多媒体教学资源设计与开发的一般流程

由于多媒体教学资源的设计与开发，一方面要对资源中的教学内容及其呈现、教学过程及其控制进行全面的设计，另一方面，多媒体教学资源又是一种计算机软件。计算机软件开发的具体过程及其组织应按照软件工程的思想和方法进行。因此，多媒体教学资源的开发和维护应按照软件工程的方法去组织、管理。作为一种有效的开发方法，应将教学设计的方法和软件工程的方法有效地结合起来。以教学设计的方法对多媒体教学资源的教学内容、教学过程及其控制进行设计，这是多媒体教学资源设计的核心。在多媒体教学资源开发的组织和技术方法上，则应遵循软件工程的方法，例如，开发阶段的划分，开发过程的组织、实施，开发技术的应用等，都应采用软件工程的思想和技术。多媒体教学资源设计与开发的一般流程如图 2.1 所示。

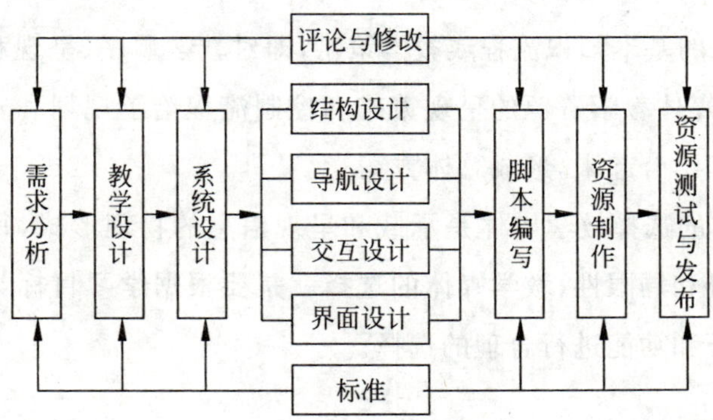

图 2.1　多媒体教学资源设计与开发的一般流程

1. 需求分析

需求分析首先要清楚多媒体教学资源是用来满足教学的哪种需要，是帮助教师的教还是学生的学？要分析用多媒体教学资源来解决教学中的什么问题，知识学习还是技能培养？总之，要了解教学的难点和需求。只有掌握了教学的需求才能决定多媒体教学资源的主题和类型，形成资源开发提纲。

2. 教学设计

当清楚了教学的需求，确定了资源的主题及类型后，便可在资源开发提纲的基础上进一步具体化，即进行多媒体教学资源的教学设计，要做以下几方面的工作：

(1) 针对教与学的需要，确定多媒体教学资源所要达到的教学目标，即学习者通过多媒体教学资源将学会什么知识、掌握什么能力、会完成哪些创造性产品、预计的学习结果等；美国教育心理学家布鲁姆等人把教学目标分为认知领域、情感领域和动作技能领域等多个层次；

(2) 了解并描述学习者的一般特征以及完成新学习任务的准备状态即学习者的初始能力水平；

(3) 结合教学目标和学生的特点，安排什么样的学习内容才能实现所确定的学习目标，并对教学内容进行详细的分析和处理，确定相应的知识点及各个知识点之间的关系；

(4) 安排资源的基本知识流程或教学策略，即对教学顺序、呈现和控制策略进行组合，从整体上对多媒体教学资源的呈现策略和控制流程给予规划和安排。将教学内容(知识点)与该流程结合起来，形成总体方案；

(5) 教学媒体的选择教学媒体是承载和呈现信息的物理形式，每种类型的教学媒体都有各自的优势和局限性，教学媒体的选择就是要根据学习目标类型和学生特征以及教学媒体的特征和功能进行合理的选择。

3. 系统设计

系统设计是多媒体教学资源设计与开发过程中较为重要的一个阶段。在实际的系统设计工作中，常常把系统设计分成结构设计、导航设计、交互设计和界面设计等若干方面。

(1) 结构设计

结构设计是指各部分教学内容的相互关系及其呈现形式的设计。它反映了多媒体教学资源的主要框架及其教学的功能。由于学习者对多媒体教学资源具有路径依赖性,因此开发出的资源应具有明确、清晰的框架层次结构,符合学生的认知结构和思维习惯。多媒体教学资源中的信息通常要分块呈现,信息块的大小要在学习者理解和记忆的限度以内,然后按照一定的结构进行组织。目前多媒体教学资源大多采用超媒体的结构进行组织。

(2) 导航设计

为了避免学习者在多媒体教学资源的超媒体信息组织结构中出现"迷航"现象,应提供清晰的导航措施,就需要进行导航设计。首先应该让学习者知道资源的整体框架和结构;其次,超媒体结构层次不宜太深,否则容易导致迷航;第三,在学习过程中,应标明学习者目前所处的位置,同时,超媒体结构各节点之间还应标明它们之间的关系,为学习者提供一个结构化、层次化的导航环境。

(3) 交互设计与界面设计

交互是一种学习者与多媒体教学资源进行对话的机制,通过交互设计,使学习者不再被动地接受信息,而是通过多媒体教学资源的菜单、按钮、图标、热字、热区等控制类信息来实现对资源的控制操作,例如查看前页、播放、退出等。多媒体教学资源中的文本、图形、图像、动画、声音与视频等构成了界面的组成要素,对界面的设计就是对这些要素的设计。

4. 脚本编写

脚本设计是多媒体教学资源设计与开发工作中的一项重要内容。多媒体教学资源设计工作完成后,在此基础上应编写出相应的脚本,脚本是多媒体教学资源开发的依据。规范的脚本对保证多媒体教学资源的质量、提高开发效率将具有积极的作用。脚本编写包括文字脚本的编写和制作脚本的编写。

(1) 文字脚本

文字脚本是教学设计的体现,因此应包括有教学内容、教学目标、教学对象、策略安排和媒体使用等。

(2) 制作脚本

多媒体教学资源的制作还应考虑所呈现的各种媒体信息内容的位置、大小、显示特点等，所以需要将文字脚本改写成制作脚本。制作脚本是在文字脚本的基础上，依据先进的多媒体教学资源开发技术和设计思想改编而成的，它可作为多媒体教学资源制作的直接依据。它告诉制作者如何去制作多媒体教学资源，给出具体的制作要求，包括界面的元素和布局、画面的显示时间及切换方式、人机交互方式、色彩的配置、文字信息的呈现、音乐、音响效果和解说词的合成、动画和视频的要求以及各个知识点之间的链接关系等。

5. 资源制作

资源制作阶段实质上是运用多媒体教学资源的制作工具，将设计蓝图变为多媒体教学资源的过程。资源的制作可以简单地分为素材准备和集成两个步骤，它包括各种媒体素材的采集与处理以及利用多媒体集成工具进行多媒体教学资源的集成等。

6. 资源测试与发布

通过测试判断多媒体教学资源是否达到了预期目标，测试资源的可靠性、稳定性等技术指标。在整个资源开发完成并进行测试后就可以发布了。

上面介绍了多媒体教学资源设计与开发的一般流程，在整个资源设计与开发过程中，可以随时根据需要，运用有效的评测手段和其他的反馈手段来调整、修改和完善资源。另外，应当注意从项目一开始，设计者、开发者等要共同明确最终资源的所有方面的一致标准，每个开发人员都知道应该怎么做，始终坚持确定了的标准。

2.2.2 多媒体教学资源的设计原则

多媒体教学资源设计与开发的核心问题是要保证资源的质量，要开发出优质的多媒体教学资源应遵循以下一些基本原则。

1. 科学性

多媒体教学资源的科学性原则，是指所开发的教育资源能正确地反映学科基础知识内容和现代科学技术的发展水平，并能用科学的方式表现出来，主要体现在以下几个方面：

(1) 设计的资源内容要符合科学逻辑，符合知识的内在逻辑体系和学生的认知结构。文字表达要正确，符合科学事实，叙述要准确，例证和逻辑推理能深刻揭示事物的内在规律；

(2) 内容要符合科学规律，准确、合理。

2. 教育性

开发多媒体教学资源的目的是要向学生传递知识，发展学生的能力，培养学生的思想品德，促进素质教育的全面实现，有益于学生个性的发展。为保证多媒体教学资源的教育性，应注意以下几点：

(1) 以教学大纲为依据，遵循教学目标与要求；

(2) 明确教学目标，突出重点，突破难点，采用灵活的教学形式；

(3) 遵循学生的认知规律。在信息内容和信息容量的确定上，既要有一定的难度，又要使之经过努力能加以掌握；在结构安排上，要符合教学的原则和学习的规律，易于为学生所接受。

3. 技术性

多媒体教学资源的技术性主要是要求开发的教育资源图像清晰、声音清楚、色彩逼真。贯彻技术性原则要求做到以下几点：

(1) 使用的设备、器材要符合相关的技术要求；

(2) 开发多媒体教学资源的操作过程要规范、科学；

(3) 图像清晰、逼真，控制可靠，视听同步。

4. 艺术性

开发的多媒体教学资源要有丰富的表现力和艺术感染力，能激发学生的学习动机和情感，提高学习兴趣和审美能力。贯彻这一原则需要做到以下几点：

(1) 多媒体教学资源的画面布局、结构的安排要符合审美要求；

(2) 声音的运用要注意节奏和音调的优美，解说与背景音乐悦耳协调；

(3) 塑造美观、富有表现力和感染力的人机交互界面。

5. 使用性

多媒体教学资源的使用性主要是指要求开发的多媒体教学资源界面友好，操作简单、灵活，容错能力强，并提供相应的使用手册等文档资料。

2.3 多媒体教学资源开发的常用工具软件

多媒体教学资源开发的常用工具软件主要包括各类素材制作工具软件和资源集成工具软件。

2.3.1 素材制作工具软件

目前，按照处理对象划分，常见的多媒体素材制作工具主要有以下几大类：图形/图像制作工具软件、音频素材制作工具软件、视频素材制作工具软件、动画素材制作工具软件等。

1. 图形/图像制作工具软件

图形/图像素材是多媒体教学素材中的常用素材。图形/图像分为矢量图和位图。矢量图是用一系列指令来表示一幅图，如画点、画线、画曲线、画圆、画矩形等。矢量图的描述方法是用数学的方式来描述一幅图形，因此需要专门的软件来解释对应的图形指令；位图图像不像图形那样有明显规律的线条，例如，对于一幅复杂的彩色照片，恐怕就很难用数学方法来描述，因而就不用矢量法表示，而是采用位图法表示。常见的图形/图像制作工具软件有 Photoshop、CorelDraw、Illustrator、ACDSee、Freehand、Fireworks 等。不同的图形/图像制作工具软件其基本功能是类似的，不同点主要在于功能的多少、实现功能的算法以及窗口界面的使用等。下面介绍几种常用的图形/图像制作工具软件。

(1) Photoshop

Photoshop 是 Adobe 公司推出的一款专门用于图像处理的软件。Photoshop 以它的功能强大、操作简便、应用广泛、集成度好等优点而深受广大用户的欢迎。Photoshop 不仅可以直接绘制艺术图形，而且可以从扫描仪等设备采集图像，并对图像进行各种各样的修饰与处理，如调整色彩、亮度、大小等。另外，Photoshop 还有很多特效功能，可以制作各种特殊的效果，Photoshop 是目前最常用的平面图像处理工具之一。

(2) CorelDraw

CorelDraw 是一款可同时用于矢量图、图像编辑和页面设计等多重工作的图形、图像编辑软件。它具有强大的交互式工具，可创作出多种富于动感的特殊效果及点阵图像。CorelDraw 软件更为专业设计师提供了大量素材、方案和图像，在设计公司标志、简报、彩页、手册、产品包装、标识、网页及其他领域中都被越来越多的广告设计公司所采用。

(3) Illustrator

Illustrator 是平面设计人员的理想伙伴，它在处理各种二维方面的图形中效果非常显著，它具有工具直观简单，处理图形生动、逼真、真实感强等特点。它所生成的图形为矢量图形，因此所占空间较小，为操作过程节省了大量的时间。有绘画基础的读者非常容易掌握。

(4) ACDSee

ACDSee 是目前较为流行的数字图像处理软件，它能广泛应用于图片的浏览、管理和编辑等。使用 ACDSee 可以从数码相机和扫描仪中高效获取图片，并进行便捷的查找、组织和预览。作为最常用的看图软件，它能快速、高质量地显示图片。此外，ACDSee 还能够对图像进行批量处理。

2. 音频素材制作工具软件

多媒体教学资源中所用到的音频素材主要有解说词、音效和背景音乐。背景音乐可从现成的音乐素材库中选取，文字说明的讲解、图像的配音可以先利用计算机的声卡和话筒录入声音，再通过各种处理声音的软件将声音的音质和文件大小处理成需要的格式。常用的音频编辑软件有 Cool Edit、WaveStudio、Sound edit 等。

(1) Cool Edit

Cool Edit 是一款功能强大的音频编辑软件，能高质量地完成录音、编辑、合成等多种任务。而且它还提供有多种特效为声音增色：放大噪音、降低噪音、压缩、扩展、回声、失真、延迟等。它可以同时处理多个文件，轻松地在几个文件中进行剪切、粘贴、合并、重叠声音等操作。

(2) Wave Studio

Creative Wave Studio 能够轻松地管理和执行各种声音编辑任务，具体功能包括：播放、编辑和录制 8 位、16 位和 24 位波形数据；通过所提供的多样化的特殊效果和各种编辑操作，加强波形数据或创作独特的音频效果；同时打开并编辑多个音频文件；支持打开 RAW、WMA 和 WAV 数据文件。

(3) Sound edit

Sound edit 是一款功能非常强大的音频文件创建编辑工具，程序内置了很多非常优秀的音频滤镜效果，可以帮助你快速地编辑和修改各种音频文件，程序还内置了录音、文本语音阅读、批量格式转换等功能，支持包括 WAV、MP3、WMA 等各种流行的音频文件格式。

3. 视频素材制作工具软件

教学内容中的动态部分可以用视频进行描述，视频经常用来描述现实中能够看得到的事物，可用摄像机进行拍摄。对于获取的视频素材通常也要进行加工和处理工作，如截取视频的片段或者为视频添加字幕等，这都需要有视频编辑软件来处理。常用的视频编辑软件有 Premiere、Video Studio、Windows Movie Maker 等。

(1) Premiere

Premiere 是 Adobe 公司推出的一款基于非线性编辑的视音频编辑软件，被广泛应用于电视编辑、广告制作、电影剪辑等领域，是目前 PC 平台上应用最为广泛的视频编辑软件。

(2) Video Studio

Ulead 公司推出的 Video Studio(会声会影)采用目前最流行的“在线操作指南”的

步骤引导方式来处理各项视频、图像素材。会声会影提供了大量的转场效果,可以应用拖曳的方式使每个效果都可以做进一步的控制。另外,会声会影还可以在影片中加入字幕、旁白或动态标题。用会声会影可以制作新奇有趣的视频影片,其输出形式也可以是多样化的。

(3) Windows Movie Maker

Windows Movie Maker 是 Windows XP 操作系统自带的一款视频编辑软件,它能让用户非常方便地对影像进行剪辑,如在剪辑之间加入淡出/淡入、叠化等效果,加入幻灯片、背景音乐、音效和画外音解说等。

4. 动画素材制作工具软件

动画通常是用计算机软件制作的用以表达教学内容的动态图像序列,动画能把抽象复杂、受时空限制、传统教学媒体难以表现的教学内容生动地表现出来,动画媒体具有形象直观的特点。动画分为二维动画和三维动画。常用的二维动画制作工具软件有 Flash、Animator Studio 等;常用的三维动画制作软件有 3ds Max、Maya 等。下面介绍几种常用的动画制作软件。

(1) Flash

Flash 是一款功能强大的矢量图形编辑和动画创作的专业软件,主要用于网页动画和多媒体创作等领域。利用该软件制作的矢量图形和动画具有文件小、交互性强、可无损缩放等特点。目前,Flash 的应用十分广泛。

(2) 3ds Max

3ds Max 是国内最常用的三维动画制作软件,拥有强大功能的 3ds Max 被广泛地应用于电视及娱乐业中,比如片头动画和视频游戏的制作等。此外,3ds Max 在影视特效方面也有一定的应用。

(3) Maya

Maya 是一个很庞大的软件系统,Maya 有许多突出的功能,如完整的建模系统、强大的程序纹理材质和粒子系统、出色的角色动画系统以及 MEL 脚本语言等。目前许多影视公司也在使用 Maya 制作影视节目。

2.3.2 资源集成工具软件

媒体素材准备好后，就可以使用多媒体教学资源集成工具软件进行制作了。多媒体教学资源集成工具软件有很多，如 PowerPoint、Authorware、ToolBook、Director、方正奥思等。下面就介绍其中几种常用的多媒体教学资源集成工具软件。

1. PowerPoint

PowerPoint 是微软公司 Office 办公软件的一个组成部分。它简单易学，具有强大的演示功能，它集文字、图像、声音、动画、视频影像等各种媒体信息于一体，既能形象直观地表达教师的思想和观点，突出教学中的重点，又能调动学习者的积极性，发展学生的思维，因此被广泛地应用在多媒体教学中。

2. Authorware

Authorware 多媒体创作软件是一种基于流程图的多媒体编辑工具。它提供了可视化流程图的手段，可方便地将文字、图形、动画、声音和视频等多媒体素材集成为一体，生成的可执行文件能够脱离著作环境，直接在 Windows 下运行。由于 Authorware 多媒体创作软件简便易学，功能强大，在课件的制作中应用广泛。

3. Director

Director 是一个多媒体创作工具软件，同时，它也是一个二维动画制作软件。它可以制作出丰富多彩的多媒体动画，用它自带的 Lingo 语言可以编写脚本以实现复杂的交互功能。Director 多媒体集成工具软件是以时间为基础的多媒体编辑工具，以“帧”为单位进行制作。它正逐渐成为创建具有互动性的多媒体光盘的主流工具。

4. ToolBook

ToolBook 是美国 Asymetrix 公司推出的一种面向对象的多媒体课件开发工具，同该软件名称一样，用 ToolBook 制作多媒体课件的过程就像写一本书：首先建立一本书的整体框架，然后把页加入书中，再把文字、图像、按钮等对象放入页中，再使用系统提供的程序设计语言 OpenScript 编写脚本，确定各种对象在课件中的作用。播放过程中，当以某种方式触发对象时，则按该对象的脚本执行相应的操作。这种“电子书”尽管制作稍显复杂，但表现力强、交互性好，制作的节目具有很大的弹性和灵活性，适用于创作功能丰富的多媒体课件和多媒体读物。

5. Visual Basic 多媒体编程语言

目前，Visual Basic 作为一种多媒体编程语言在开发多媒体软件中有它自身的独特魅力，利用它可以按作者的意图几乎不受限制地开发多媒体教学资源，具有更大的灵活性，它可以方便地链接多媒体素材，可以通过建模实现动态演示等。

除上述介绍的几种外，常用的多媒体创作工具还有许多种，如国内的方正奥思、洪图等，它们都有各自的特点，用户可以根据课件的开发要求、个人喜好以及现有条件等加以选择。

第二部分

项 目 实 战

第3章

交互式多媒体课件设计与制作

本章提要

本章主要阐述了交互式多媒体课件的制作背景及其设计内容，并对如何运用Authorware软件来制作交互式多媒体课件进行了比较具体的介绍。完成本章的学习后，学习者能够掌握交互式多媒体课件的设计方法，能够较熟练地运用Authorware软件进行交互式多媒体课件的开发，知道如何对交互式多媒体课件进行评价。

本章重点

- 交互式多媒体课件的特点
- 交互式多媒体课件的设计内容和设计过程
- 用Authorware软件进行交互式多媒体课件的制作方法

3.1 项目背景及要求说明

3.1.1 交互式多媒体课件的应用背景

随着现代信息技术的飞速发展，交互式多媒体课件的应用已越来越广泛。交互式多媒体课件是利用多媒体技术对文本、声音、图形、图像、动画等进行综合处理的能力以及其强大的交互式特点而制作的多媒体课件，交互式多媒体课件可以创造出一个图文并茂、生动逼真的教学环境，可激发学生的学习兴趣，学生可以根据自己的情况调整自己的学习内容和学习进度。满足了学生的参与意识，体现了学生是学习的主体的教学思想。

Authorware 是一种基于流程图的可视化多媒体开发工具，Authorware 在整个课件制作过程中以流程图为基本依据，非常直观，且具有较强的整体感，通过流程图可以直接掌握和控制系统的整体结构。Authorware 被认为是交互功能较强的多媒体创作工具之一。适合于制作对交互功能要求较高的多媒体课件。

3.1.2 交互式多媒体课件设计与制作的基本要求

本项目要求学生能够设计一个交互式的多媒体课件，并使用 Authorware 软件开发一个交互式的多媒体课件。要求学生在做好课件选题的基础上，对课件进行比较全面的设计(教学设计、结构设计、界面设计、脚本设计等)，掌握使用 Authorware 制作交互式多媒体课件的技能。

本章以《赤壁之战》多媒体课件的设计与开发为例来说明交互式多媒体课件的设计以及如何利用 Authorware 开发交互式的多媒体课件。

3.2 需求分析

《赤壁之战》是选自人教版小学语文课本第十册的一篇课文，学习对象是小学五年级的学生，此年龄阶段的学生自主学习能力还比较欠缺，对知识的认知还依赖于具体事物的支持，学习动机也取决于对学习内容的兴趣。因此在设计本课件时，导航条的设计应清晰明了，让学生在学习的过程中不至于迷航，另外，还要针对学习者的特征，设计良好的交互以及各种形式的媒体素材，让学生在与计算机自由轻松交互的过程中，来完成对知识的意义建构。

3.3 系统设计

课件的系统设计主要包括教学设计、结构设计、界面设计及脚本设计等。

3.3.1 教学设计

《赤壁之战》这篇课文讲的是一个历史故事。东汉末年，曹操率兵南下攻打东吴，东吴大将周瑜采用诈降和火攻的办法大败曹军，这是我国历史上著名的以少胜多的战役。

1. 教学目标

(1) 知识目标

① 学会本课生字、新词，并能看图详细复述课文；

② 能给课文分段，概括段意，学习串连各段段意、归纳课文主要内容的方法；

③ 通过学习课文，使学生懂得赤壁之战东吴获胜的根本原因在于知己知彼，利用地利扬长避短。

(2) 能力目标

① 培养学生的自学能力、分析概括能力和知识运用能力；

② 培养学生的阅读能力以及有条理的思维能力。

(3) 情感目标

学习本课内容，培养学生遇事多分析、勤动脑的好习惯。

2. 教学重难点

(1) 教学重点

① 串连各段段意归纳课文主要内容；

② 在理解课文内容的基础上，指导学生看图详细复述"火烧赤壁"的经过。

(2) 教学难点

学生缺少历史知识、地理知识及古代战争的知识。老师可结合课文内容对有关知识作些简单介绍。

3. 教学过程设计

(1) 预习拓展

《赤壁之战》是一篇历史故事，是根据我国著名的古典历史小说《三国演义》的有关章节改编而成的。

① 介绍三国时的历史背景

三国是中国的一个历史时期。东汉末年，曹操统一中国北方并实际上以丞相的职位掌握东汉政权，取得"魏王"称号，加九锡。220 年，曹操病逝，其子曹丕继承其位，同年强迫东汉的末代皇帝献帝刘协将皇位禅让给他，建立了曹氏政权，国号"魏"，史称"曹魏"，至此东汉政权正式灭亡，三国时代正式开始。221 年，以益州为根据地的刘备自立为皇帝，国号"汉"，史称"蜀汉"。同年，割据扬州、荆州、交州等地的孙权接受曹魏政权的册封，开始称"吴王"。229 年，他正式称帝建国，国号"吴"，史称"东吴"。已经事实上控制曹魏政权的司马家族于 263 年吞并蜀汉后，司马炎于 265 年废魏元帝自立，国号"晋"，史称"西晋"。西晋于 280 年攻克江南的孙吴政权，正式统一中国，三国时代就此结束。

② 介绍《三国演义》的主要内容及其作者

罗贯中(1330—1400 年之间),名本,号湖海散人,明代通俗小说家。他的籍贯一说是太原今山西,一说是钱塘今浙江杭州,不可确考。据传说,罗贯中曾充任过元末农民起义军张士诚的幕客。除《三国志通俗演义》外,他还创作有《隋唐志传》等通俗小说和《赵太祖龙虎风云会》等戏剧。

《赤壁之战》节选自《三国演义》,《三国演义》描写的是从东汉末年到西晋初年之间近一百年的历史风云。全书反映了三国时代的政治军事斗争,反映了三国时代各类社会矛盾的渗透与转化,概括了这一时代的历史巨变,塑造了一批叱咤风云的英雄人物。在对三国历史的把握上,作者表现出明显的拥刘反曹倾向,以刘备集团作为描写的中心,对刘备集团的主要人物加以歌颂,对曹操则极力揭露鞭挞。今天我们对于作者的这种拥刘反曹的倾向应有辩证的认识。尊刘反曹是民间传说的主要倾向,在罗贯中时代隐含着人民对汉族复兴的希望。

③“三国”是哪三国？他们的首领各是谁？了解他们的人物特征,有助于理解课文。

“三国”是魏、蜀、吴。他们的首领分别是：魏是曹操；蜀是刘备；吴是孙权。

④ 介绍赤壁之战的背景,通过地图让学生了解当时曹操、刘备、孙权的地理位置。

东汉末年,曹操统一黄河流域之后,雄心勃勃,想进一步夺取长江下游孙权的地盘。当时曹、孙双方力量对比悬殊,面对强大的曹军,孙权联合没有地盘的刘备共同抵抗,公元 208 年冬在赤壁与曹军交战。课文讲的就是这次战役的故事。赤壁之战是我国历史上有名的以少胜多、以弱胜强的战例之一。这一战局不仅改变了当时双方的力量对比,也为后来魏、蜀、吴三国成鼎立局势奠定了基础。

⑤ 播放影片,影片描述了赤壁大战前的紧张形势,让学生对学习此课产生浓厚兴趣。

(2) 课文分析

① 认识课文中的生字词：

周瑜(yú)	调兵遣(qiǎn)将	计策(cè)
波浪滔(tāo)天	率(shuài)领	丢盔(kuī)弃甲

词汇：

相持：各不相让。

自不量力：指过高地估计自己的力量。量：估量。

定睛：集中视线。

波浪滔天：形容水面上波浪极大。滔：漫、充满。

失信：答应别人的事没做，失去信用。

调兵遣将：调动兵力，派遣将领。

② 分析课文结构

播放课文录音，学生默看课文。然后找同学说一说这篇课文讲了一件什么事。在此基础上师生共同讨论课文的结构。

课文主要记述了曹操率军攻打东吴，因为兵士坐不惯船，就把船用铁索连起来，周瑜采纳了黄盖的假投降和火攻的计策，火烧了曹操的战船、军营，曹操大败而逃。

这篇课文共有11个自然段，是按事情发展顺序写的，但又不能死套起因、经过、结果这一固定模式。指导学生对课文做具体的分析。课文在起因之后，经过之前，这一部分是战前的准备，应该单独划为一段。经过和结果同属火攻一仗的全过程，不能分开。按照这样的分析，本课应该是这样的顺序：①战争的起因，②战前的准备，③作战经过和结果。因此课文应该分为三段。

第一段（第1自然段）讲曹操率军南下想夺取东吴的地盘，东吴的周瑜调兵遣将驻扎在赤壁，与曹军隔江相对。这是赤壁之战的起因；

第二段（第2～4自然段）讲曹军是北方人，不习惯水战，用铁索把船连起来练兵。黄盖根据这些情况，向周瑜献计用火攻打败曹军。这是双方的战斗准备；

第三段（第5～11自然段）讲黄盖假意投降，驾火船烧曹营，大败曹军。这是火攻一仗的全过程。

③ 赏析课文

- 学习第一段

学生默读课文，思考作者在这一段介绍了什么？

作者在这一段具体介绍了战斗发生的时间：东汉末年；地点：赤壁；交战的双方：曹操和东吴的周瑜；双方所处的地理位置：曹操在长江北岸，周瑜的兵在长江南岸。这次战事的目的是曹操“想夺取江南东吴的地盘”。同时也可以看出曹操是这次战争的发动者，周瑜“调兵遣将”是为了抵抗曹军。

战争发生的原因是曹操想扩大自己的地盘，从道义上讲是不正义的，但是他们人员众多，来势凶猛。周瑜也毫不畏惧，调兵遣将与曹军隔江相对。

- 学习第二段

找同学分自然段读书，然后在教师的引导下理解课文内容。

对于难以适应的环境，曹操是怎么做的？

（曹操命令士兵把船一条条用铁索连起来。）

曹操为什么要这样做，没有别的办法吗？

（因为曹操的士兵都是北方人，这次作战“非坐船不可”，可是他们不习惯船上的生活，所以曹操“叫人用铁索把船一条一条连起来，铺上木板，就像平地一样。”）

你从哪个词语看出来曹军必须坐船？（“非坐船不可”）

“非……不可……”是什么意思？谁能结合实际生活造一个句子，说明你理解了。

（“非……不可……”是必须这样做的意思。生活中也经常能用到这样的句式。如这人病重，非住院不可。）

由此可以看出，曹军已经为作战做好了准备，把所有的船连成了一个平地。同学们，大家讨论讨论曹操这个办法怎么样？

通过讨论使学生明白曹军潜在的危机，在此为学生理解黄盖的计谋作了铺垫。使一个教学上的难点很快就解决了。

（这个办法不好，因为这样一来所有的船成为了一体，如果有紧急情况发生，一条船都跑不了，就会全军覆灭。）

真聪明！可是曹操就没有想到这一点，相反周瑜军中的黄盖却注意到了，还很好地利用了这一点。黄盖是怎么想的，怎么做的呢？

第3自然段主要是黄盖的一段话一共有三句，分析了作战双方的利与弊，以及在战斗中取胜的计谋。

（黄盖认为①敌我力量悬殊很大，因为曹军号称80万人，周瑜才有3万兵士。②长期相持没有好处。因为在兵力悬殊的情况下，长期相持，对兵力弱的一方不利。③曹军船体相连难以分散。针对这些情况，黄盖向周瑜提出用火攻的计策。）

- 学习第三段

这一段是全文的重点。因为故事性比较强，教学时最好以一个或几个大问题为主，给学生思考的空间，让他们在认真思考的基础上，用比较概括的语言按顺序说一说。

这一教学环节可以留出大约10分钟左右的时间，让学生充分地朗读，并根据问题思考。

请同学们认真阅读，并思考这样的问题：火攻分为哪几步实施，每一步主要做了什么？

课文分四步来写火攻：

第一步：黄盖写信，向曹操假投降。投降的理由是“周瑜自不量力”，肯定失败，并表示带兵士和粮草投奔曹军。这个理由正合曹操以人多自居必然胜利的心理，所以曹操信以为真。

第二步：火攻选择在刮东南风的天气里，船上装满引火的东西，趁着东南风驶向曹营。因为曹操的兵在北岸，周瑜的兵在南岸，这样就使得“火攻”在东南风的帮助下得以很好地实施。

第三步：黄盖在船接近曹营时，叫人点火，火船冲进曹营，致使曹操的战船一下子都烧了起来，火又窜上岸，岸上的兵营也烧了起来。这样近距离点火使曹军措手不及。

第四步：周瑜带兵追杀曹军，曹操从华容道逃跑。“鼓声震天”说明周瑜一方士气大振，火攻大胜。“丢盔弃甲”形象地描述了曹军大败时狼狈逃跑的样子。

通过这样的分析，学生对“火攻”就会理解深刻，记忆清楚。紧接着师生共同研究东吴获胜的根本原因是什么。

周瑜只有3万人，曹操拥有80万人，力量悬殊很大。可是周瑜的兵士善于水战；恰好有东南风；又因为曹军来犯，周瑜带领兵将奋起抗击，属于正义事业。所以周瑜占据了天时、地利、人和，又加上有黄盖的计策，扬长避短，使东吴在这样一次力量对比悬殊的战事中以少胜多。

(3) 巩固练笔

① 组词

遣(　)　度(　)　驻(　)

遗(　)　渡(　)　注(　)

策(　)　窜(　)　降(　)

② 造句

非……不可……

不是……也不是……而是……

③ 复述"火烧赤壁"的经过

3.3.2　结构设计

经过前面的教学设计之后，接下来就是要围绕主题建立一系列的逻辑步骤，在节、主题、步骤之间形成一个严密的逻辑结构。整个课件采用树形结构，这样层次清楚、跳转方便、切换快捷。《赤壁之战》课件的系统结构如图 3.1 所示。

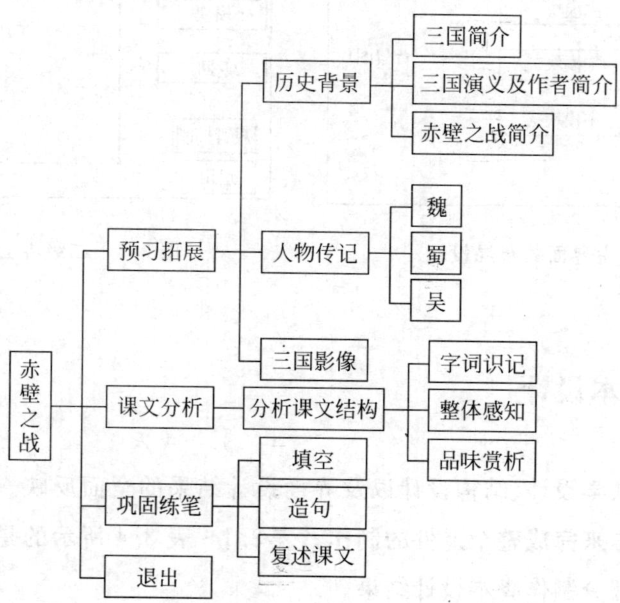

图 3.1　《赤壁之战》课件系统结构

3.3.3 界面设计

学习者是利用多媒体课件的交互界面进行交互操作的,对于学习者而言,交互界面是否友好直接决定着学习者与学习内容以及学习者与同伴或教师的交互。因此,交互式多媒体课件强调要提供一个友好的交互界面。

在《赤壁之战》多媒体课件中,交互界面的设计力求做到简洁美观、风格一致,还要有设计合理的导航系统方便用户的使用。其次还应注意,文字内容要简洁、突出重点,文字和背景的颜色搭配要合理,因此,这里重点介绍课件的主界面和二级界面的设计,课件的主界面的布局设计如图 3.2 所示。二级界面的布局设计如图 3.3 所示。

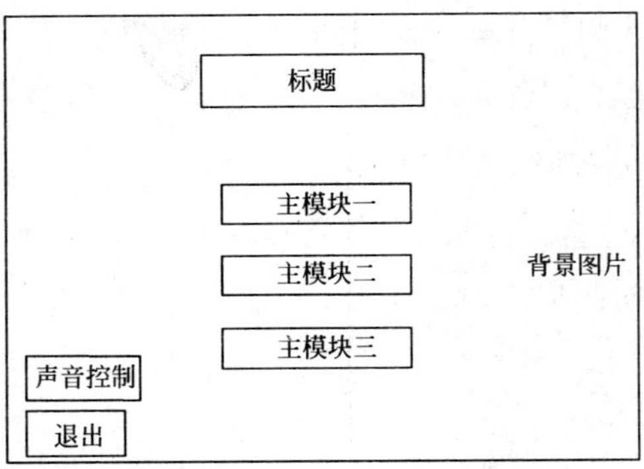

图 3.2　主界面的布局设计

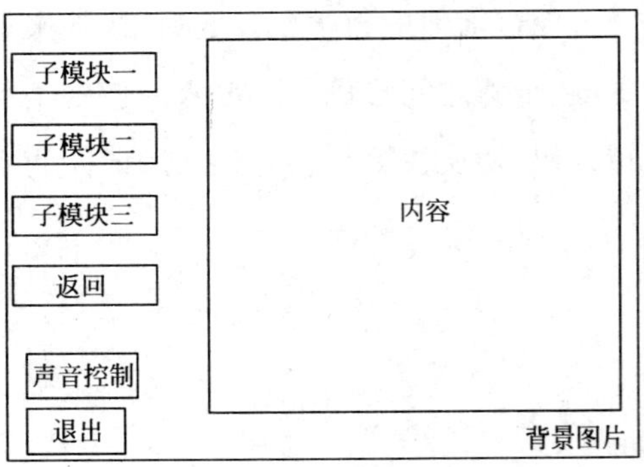

图 3.3　二级界面的布局设计

3.3.4 脚本设计

脚本设计是教学设计、结构设计以及界面设计结果的全面反映。课件制作人员将如实按照制作脚本来完成整个课件的制作。表 3.1～表 3.4 所示的是《赤壁之战》交互式多媒体课件的部分制作脚本设计结果。

表 3.1　《赤壁之战》交互式多媒体课件的“主界面”制作脚本

名称	内　　容	制作说明
主界面	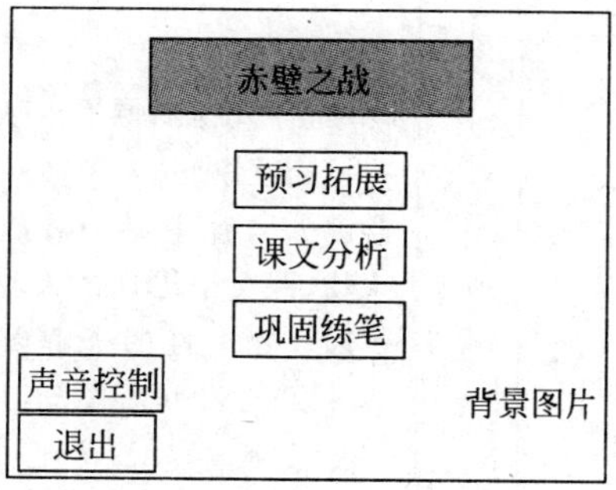	1. 主界面为一张古典背景图，立体字“赤壁之战” 2. 按钮区为三个动画按钮（预习拓展、课文分析、巩固练笔） 3. 左下角两个按钮分别是对背景音乐的声音控制按钮和退出按钮
文本	赤壁之战	Flash 制作
声音	历史的天空. mp3	mp3 为背景音乐，单击“声音控制”按钮开启或关闭背景音乐

表 3.2　《赤壁之战》交互式多媒体课件的“历史背景”制作脚本

名称	内　　容	制作说明
历史背景	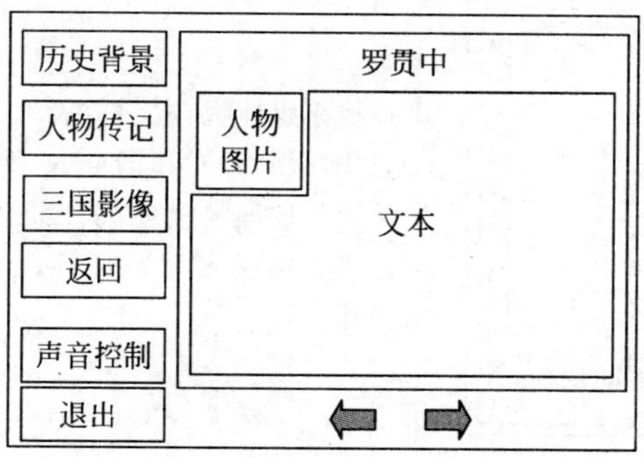	“历史背景”部分共分三张，界面为一张古典图片，效果为淡化
文本	① 三国简介（略） ② 三国演义简介（略） ③ 赤壁之战简介（略）	文字呈现方式以“打开的书”Flash 动画效果出现，配以背景音乐
声音	back. mp3	与文本展示同步
按钮	上一页、下一页	可在三国简介、三国演义简介和赤壁之战简介之间切换

表 3.3 《赤壁之战》交互式多媒体课件的“人物传记”制作脚本

<table>
<tr><th>名称</th><th>内　　容</th><th>制 作 说 明</th></tr>
<tr><td>人物传记</td><td>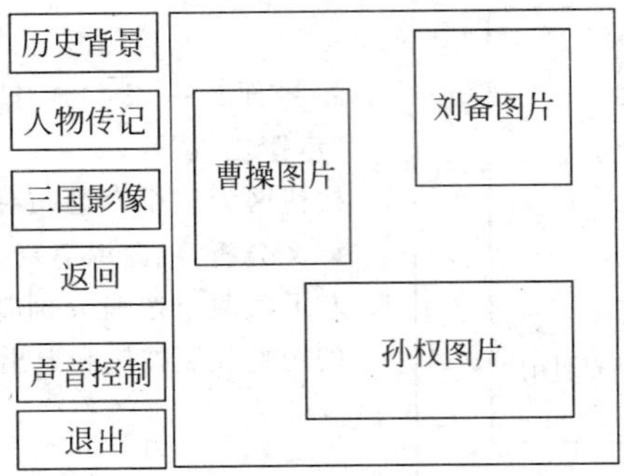
</td><td>可单击“人物图像进入人物介绍界面”，并可相互跳转。
此部分内容主要是对魏、蜀、吴的重要人物、课文中出现的人物作以简介。通过对人物个性的了解以便更深入地理解课文，学生可根据学习需要自行选择</td></tr>
<tr><td>文本</td><td>曹操、刘备、周瑜等(略)</td><td>通过阅读人物简介，加深对人物形象的理解</td></tr>
<tr><td>声音</td><td>back. mp3</td><td>与文本展示同步</td></tr>
</table>

表 3.4 《赤壁之战》交互式多媒体课件的“三国影像”制作脚本

<table>
<tr><th>名称</th><th>内　　容</th><th>制 作 说 明</th></tr>
<tr><td>三国影像</td><td>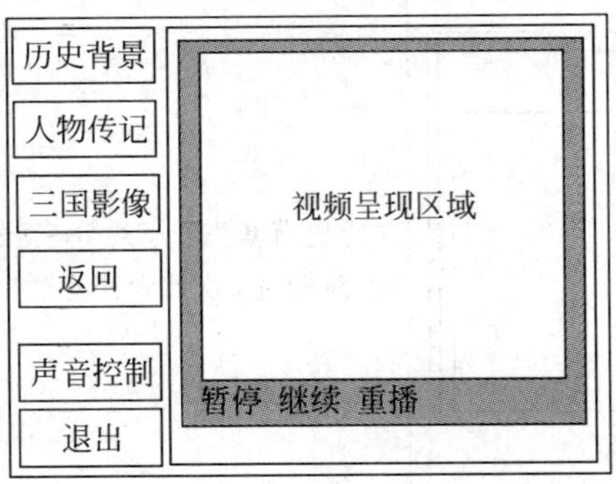
</td><td>播放多媒体视频文件，展现三国时期的战争场面，及对魏国曹操、西蜀刘备、东吴孙权的印象描述，创设历史情境。学生可根据学习需要自行选择是否观看影像</td></tr>
<tr><td>按钮</td><td>暂停、继续、重播</td><td>可控制影像播放</td></tr>
</table>

3.3.5 媒体素材设计

虽然制作脚本作为制作课件的直接依据，但是对于制作脚本中所用到的各种多媒体素材(图像、音频、视频、动画等)还需要进行设计，编写出动画的制作脚本或视频的分镜头脚本等。进一步为媒体素材的制作提供依据。

在《赤壁之战》多媒体课件的脚本设计中，用到的图片和视频素材主要是通过网络进行搜索获取的。另外，对片头的 Flash 动画需要进一步的构思，对“课文朗读”解说需进一步明确内容和要求。

1. Flash 片头素材“浪淘沙.swf”的设计

“浪淘沙.swf”动画的效果为一幅写着“浪淘沙”诗词的画卷，由左至右缓慢播放，画卷大小约占课件界面大小的三分之一。

2. 声音素材“课文朗读”的设计

“课文朗读.mp3”声音内容为《赤壁之战》一课的全文朗读，属于泛读材料，在录制时要注意课文朗读的节奏和情感，保持自然流畅，达到声情并茂的效果。

3.4　交互式多媒体课件的制作

3.4.1　素材准备与制作

多媒体课件中离不开文字、图片、视频、动画和音频等素材，在课件制作过程中，经常需要采集并编辑和处理这些素材。

1. 文字的制作

一般来说课件中文本的录入比较容易，直接使用开发工具中的文本编辑功能，如在 Authorware 中，先在流程图上放一个显示图标，双击打开显示图标，选中图标工具栏中的文本图标“A”，用鼠标在编辑窗口中合适的地方单击，这时，屏幕上出现一个标尺，在输入文字之前，先设置好文字的字体、风格、大小和颜色等，然后输入所需文字即可。

2. 图像的制作

图像是制作多媒体课件时使用最多的一种素材,它不仅对课件界面起到美化的作用,同时也是表达信息的一项重要手段。获取图像一般有以下几种方法：一是使用数码相机直接拍摄成数字图形文件；二是购买商用图片库；三是从视频节目中获取图像；四是利用工具软件自己绘制图像。不过初步采集到的图像并不能适合课件设计的要求,因此要对图像进行处理,使之符合程序设计的要求。

下面以《赤壁之战》多媒体课件主界面的制作为例来介绍利用 Photoshop 处理课件背景图像素材的基本步骤：

(1) 启动 Photoshop,打开图片文件。执行菜单“文件”→“打开”命令,在弹出的“打开”对话框中选择“赤壁.jpg”文件,双击背景层,得到可编辑图层 0。

(2) 在工具窗口中,选择“修补工具”,去掉图片中的文字,如图 3.4 所示。

图 3.4 去掉文字效果后的图片

（3）选择“图像”→“画布大小”工具，设置画布大小为 640×480，如图 3.5 所示。

图 3.5　剪裁后图像

（4）为了使整个画面布局合理恰当，可以从原图中剪切适合的图像，粘贴在现有的图像中，然后通过“模糊”等工具，使整幅图片浑然一体。最后得到的图像效果如图 3.6 所示。

图 3.6　最后效果

3. 视频的制作

在本课件的制作过程中，所需的视频是从网络上下载的一段关于“赤壁之战”的片段，不需要进行编辑处理。根据制作的需要，只需要把文件格式转换成 AVI 的格式即可。

4. 声音的制作

在本课件的制作过程中，所需的“课文朗读”声音素材是从网络上下载的，只要能满足设计要求，就不需要直接进行录制。

5. 动画素材的制作

动画是多媒体课件中最为重要的元素，在多媒体课件中应用动画可以大大提高课件的视觉感受，使课件富有动感。为了满足课件的要求，这里需要自己动手制作一个片头动画。下面主要介绍在 Flash 8 中制作“浪淘沙.swf”片头动画的过程。

(1) 启动 Flash 8，新建一个空白文档，大小设置为 640×240。

(2) 选择“插入”→“新建元件”命令，新建“元件 1”。

(3) 选择“文件”→“导入”→“导入到舞台”命令，选择“浪淘沙诗词.jpg”文件。

(4) 新建“元件 2”，把“元件 1”拖到舞台中，在“元件 1”图片右端再连接一张“元件 1”图片，完成后如图 3.7 所示。

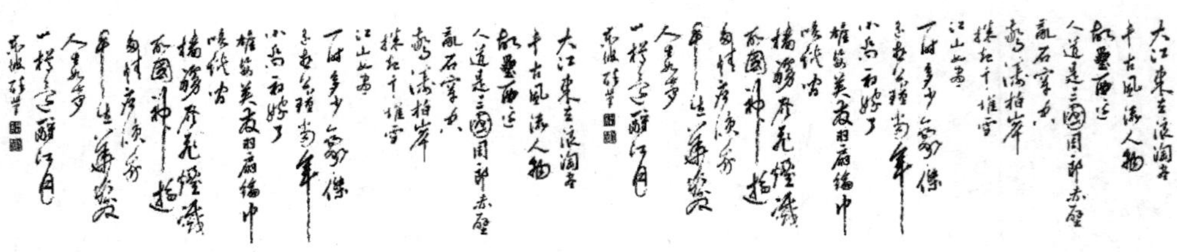

图 3.7 元件 2

(5) 单击“场景 1”，选择第一帧，把“元件 2”拖到场景中，元件 2 与场景右端对齐，上下居中。

(6) 选择第 260 帧，创建关键帧，选择“元件 2”与场景左端对齐，最后在两个关键帧中创建补间动画，按 Ctrl＋Enter 键，测试动画，动画效果为诗歌画卷由右至左缓慢播放。

3.4.2　片头的制作

本课件中的片头使用了 Flash 动画文件，在 Authorware 中插入 Flash 动画非常方便，片头的制作步骤如下：

(1) 在 Authorware 流程线上添加一个“群组”图标，命名为“片头”。

(2) 双击“片头”群组图标，在群组图标中添加一个“计算”图标，命名为“分辨率”，双击“分辨率”计算图标，在代码窗口中输入如图 3.8 所示的代码。

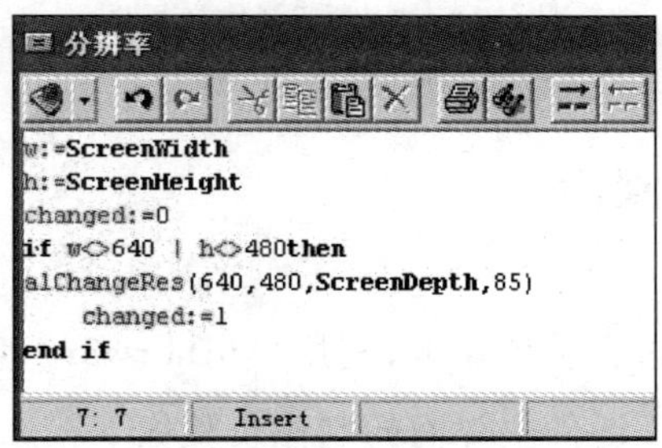

图 3.8　“分辨率”计算图标

(3) 选择菜单“插入”→“媒体”→ Flash Moive 命令，插入 Flash 动画文件，然后添加一个“等待”图标，在“事件”中选择“单击鼠标”控制时间，最后添加一个“擦除”图标，擦除 Flash 动画文件，如图 3.9 所示。

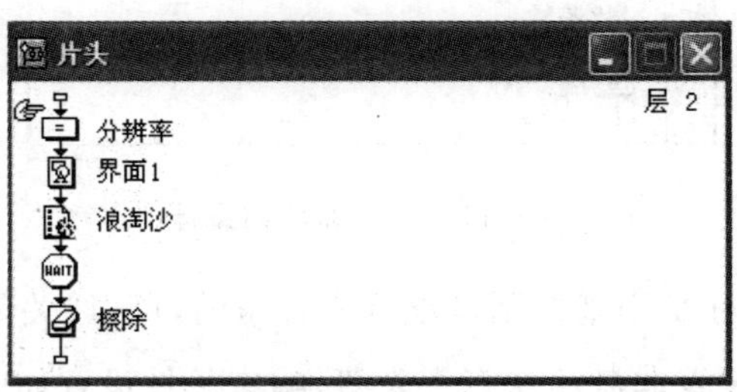

图 3.9　“片头”的制作

(4) 完成上述“片头”的设计后,运行程序,片头的制作效果如图 3.10 所示。

图 3.10 “片头”制作效果图

3.4.3 主界面的制作

根据本课件主界面的内容设计要求,利用 Authorware 建立交互分支结构,利用按钮响应来实现各分支选择。课件主界面的制作步骤如下:

(1) 在“片头”群组图标下方添加一个“主界面”群组图标,双击“主界面”群组图标,添加一个“音乐控制”交互图标,如图 3.11 所示。

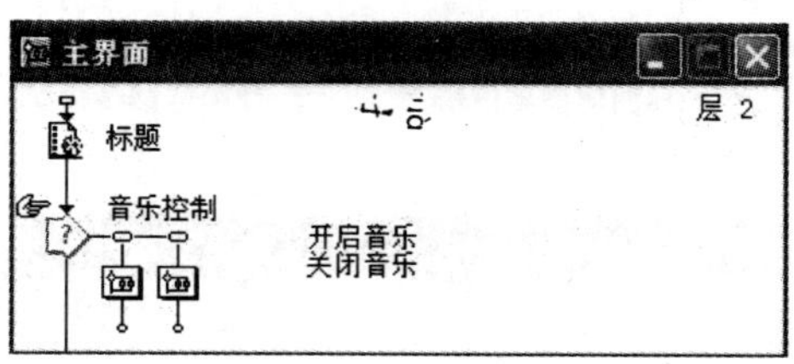

图 3.11 主界面结构设计

(2) “音乐控制”图标是用来控制播放背景音乐的,可以“关闭”或“开启”背景音乐。选中“开启音乐”按钮,设置非激活状态下隐藏,响应条件设置如图 3.12 所示。

(3) 双击“开启音乐”群组图标,在流程线上添加一个“计算”图标和一个“声音”图标,如图 3.13 所示。

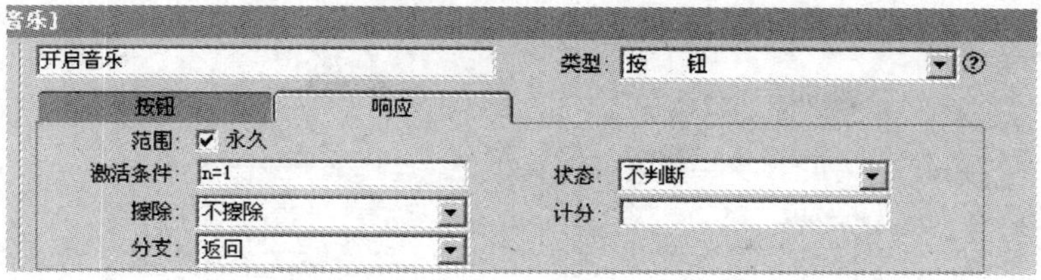

图 3.12 “开启音乐”响应属性面板

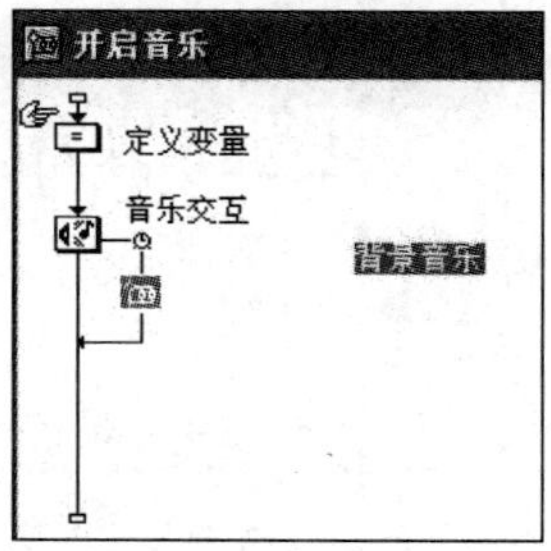

图 3.13 “开启音乐”群组图标设计

(4) 双击“定义变量”计算图标,输入如图 3.14 所示的代码。

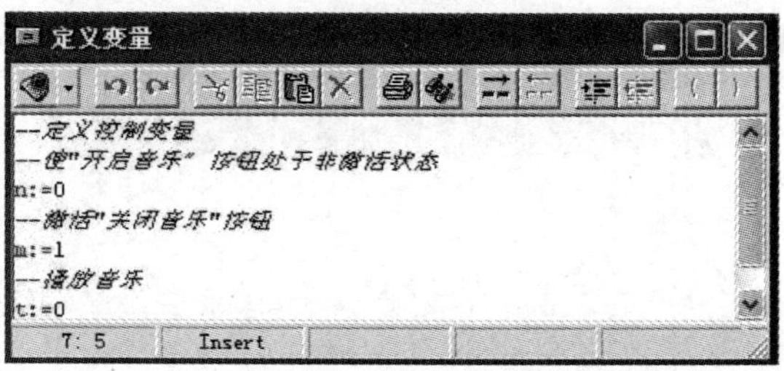

图 3.14 “定义变量”计算图标

(5) 选中“关闭音乐”按钮,设置非激活状态下隐藏,响应属性面板设置如图 3.15 所示。

(6) 双击“关闭音乐”群组图标,在流程线上添加一个“定义变量”计算图标,输入如图 3.16 所示的代码。

难点:在制作“音乐控制”这个功能时,要注意“开启音乐”和“关闭音乐”这两个按钮的属性设置,尤其要注意 m、n 两个变量的设置。

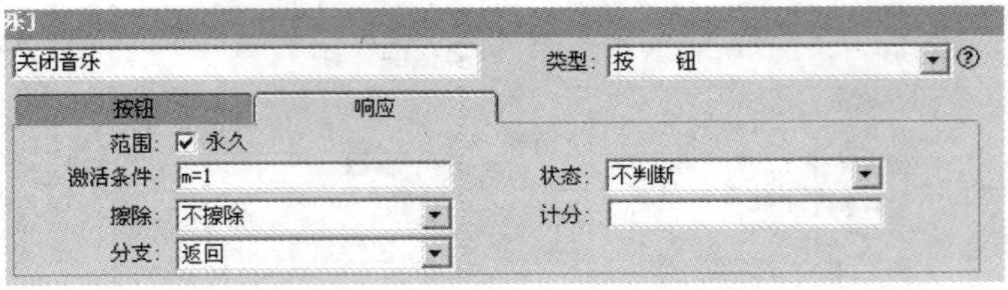

图 3.15 “关闭音乐”响应属性面板

图 3.16 “定义变量”计算图标

(7) 在如图 3.11 所示的主界面程序结构的下面继续添加一个“课程”交互图标,在交互图标的右边添加三个群组图标形成三个按钮交互分支,三个分支分别命名为“预习拓展”、“课文分析”和“巩固练笔”,如图 3.17 所示。

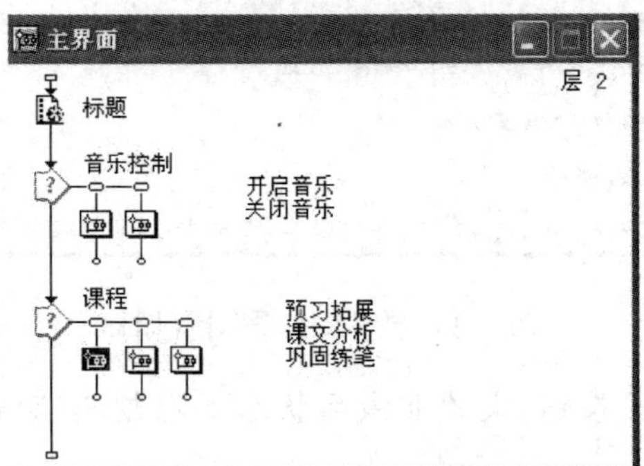

图 3.17 三个模块分支的设计

(8) “预习拓展”按钮的响应条件的属性设置如图 3.18 所示。“课文分析”和“巩固练笔”按钮的属性设置与“预习拓展”按钮的响应条件类似。

(9) 制作完成后的主界面效果如图 3.19 所示。

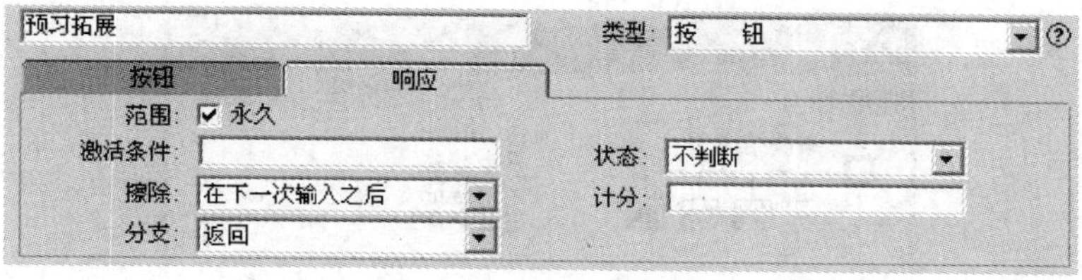

图 3.18　响应属性面板

图 3.19　“主界面”的制作效果

3.4.4　各个内容模块的制作

本课件的学习内容主要分为“预习拓展”、“课文分析”和“巩固练笔”三个模块。下面主要以“预习拓展”模块为例来介绍其制作过程。

1. “预习拓展”模块的制作

(1) 双击打开图 3.17 所示的“预习拓展”群组图标，在流程线上添加一个“讲课结构”框架图标和四个群组图标。打开框架图标，删除所有的默认图标。添加如图 3.20 所示的显示图标、交互图标和导航图标，并为各个图标命名。

(2) 分别设置“历史背景”、“人物传记”、三国影像”和“返回”按钮，“预习拓展”模块框架完成后的效果图如图 3.21 所示。

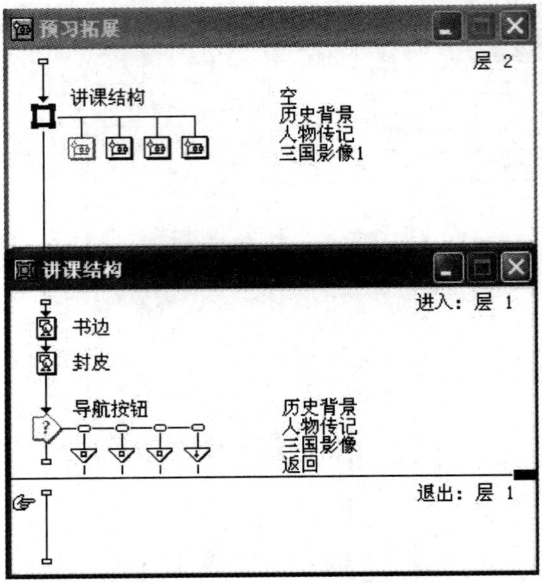

图 3.20 “预习拓展”模块的程序结构

图 3.21 “预习拓展”模块框架效果图

(3) 双击如图 3.20 所示的“历史背景”群组图标，在流程线上添加一个框架图标和三个显示图标。双击框架图标，添加两个导航图标，分别实现“上一页”、“下一页”的控制，如图 3.22 所示。

(4) “历史背景”模块制作完成后，运行效果如图 3.23 所示。

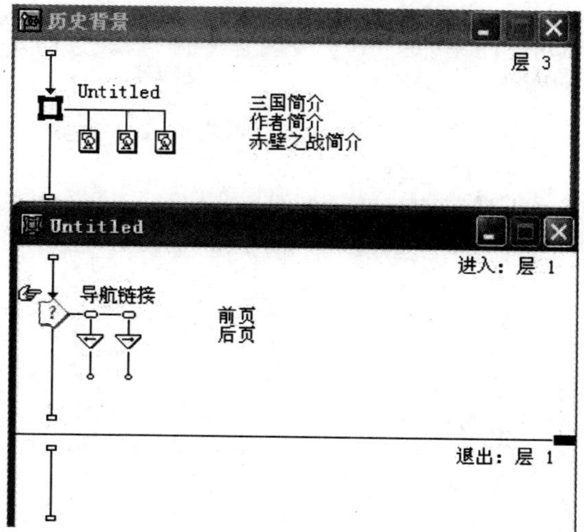

图 3.22 “历史背景”程序流程

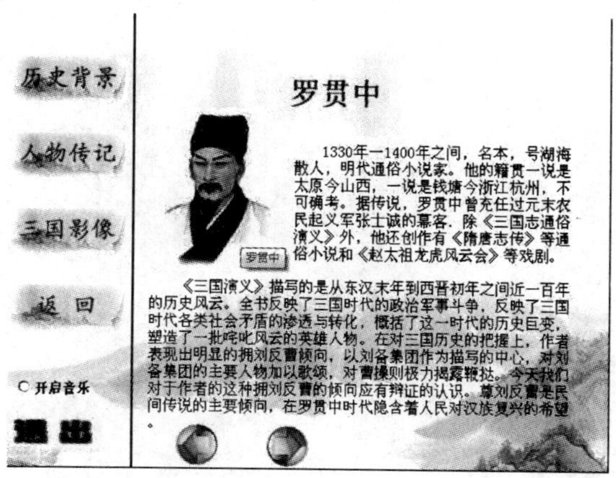

图 3.23 “历史背景”模块运行效果图

(5) 双击如图 3.20 所示的“人物传记”群组图标，建立如图 3.24 所示的程序结构。

(6) 该部分设置“曹操”、“刘备”和“孙权”三个热区域交互，单击相应的人物，分别进入该人物的介绍，“人物传记”模块制作完成后的效果如图 3.25 所示。

(7) 双击如图 3.20 所示的“三国影像 1”群组图标，首先选择菜单“插入”→tabuleiro xtras→DirectMediaXtra 命令，然后在流程线上分别添加三个热区交互，分别命名为“暂停”、“继续”和“播放”，如图 3.26 所示。

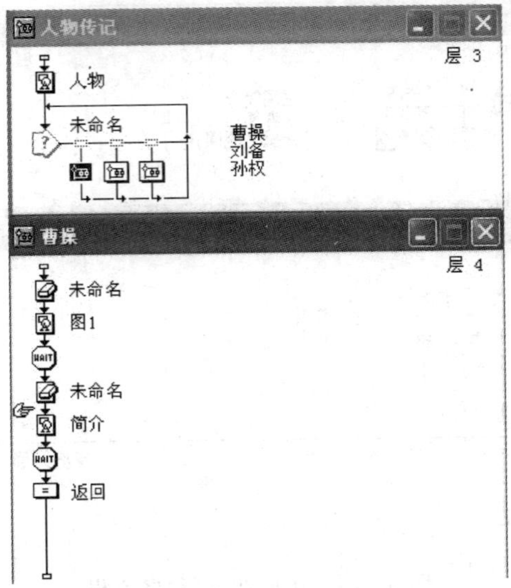

图 3.24 "人物传记"程序结构

图 3.25 "人物传记"模块的制作效果

注意：在"三国影像 1"群组图标中，流程线上的"电影"图标是 DirectMediaXtra 插件。

(8) 在"暂停"计算图标中输入语句"CallSprite(@"电影", #videopause)"，在"继续"计算图标中输入语句"CallSprite(@"电影", #videoplay)"，在"播放"计算图标中输入语句"GoTo(IconID@"三国影像 1")"。

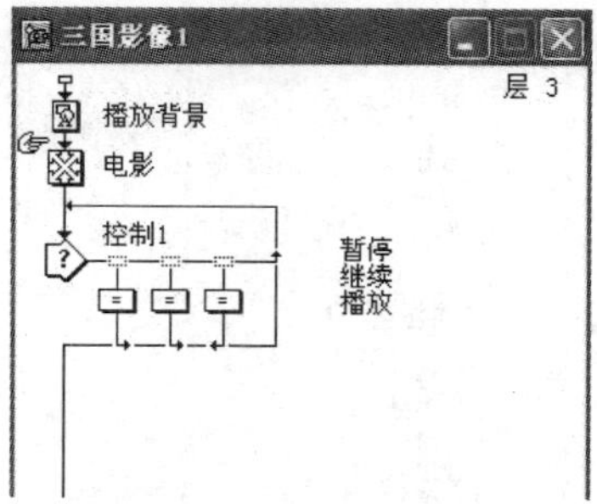

图 3.26 “三国影像 1”的程序结构

(9) “三国影像”模块的制作效果图如图 3.27 所示。

图 3.27 “三国影像”模块的制作效果

2. “课文分析”模块的制作

3.4.4 节介绍了“预习拓展”模块的制作过程，其他两个模块的制作过程就不再进行详细介绍了，“课文分析”模块中的“字词识记”子模块的制作效果如图 3.28 所示。

在“品味赏析”子模块中分析了曹操与周瑜的地势，图 3.29 为该部分的制作效果。

3. “巩固练笔”模块的制作

在“巩固练笔”模块中，学习者可以根据提示完成练习，图 3.30 为“巩固练笔”模块中“填空”子模块的制作效果。

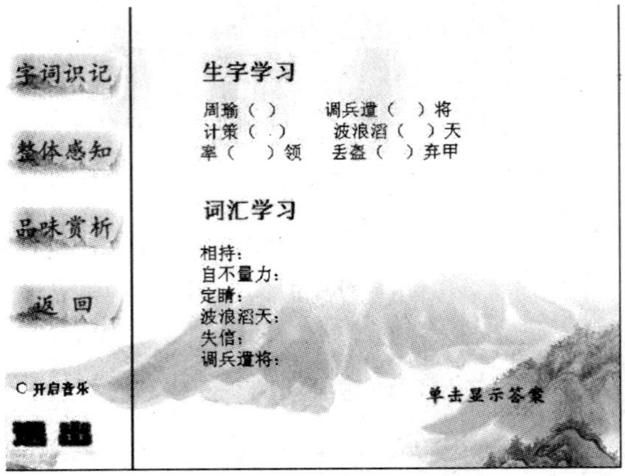

图 3.28 “字词识记”子模块的制作效果图

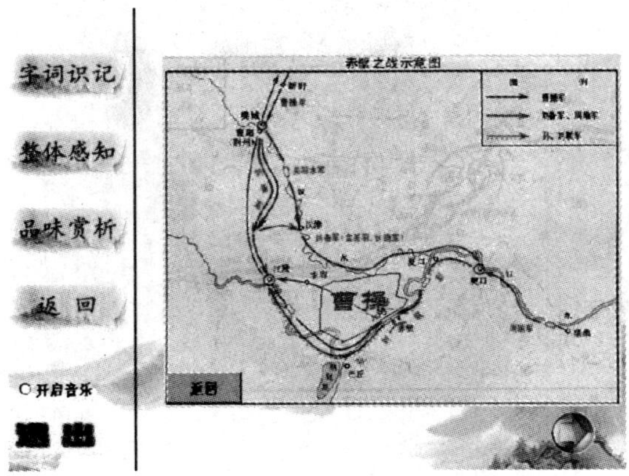

图 3.29 “品味赏析”子模块的制作效果图

练习完成后，同时在文件外部生成一个以学生名字命名的文本文档，文档中的内容为学习者所填写的答案，以便教师对学生的学习结果进行评价。在这部分制作过程中，主要用到了 WriteExtFile()、AppendExtFile()两个函数来完成对外部文档的输入。

难点：通过 WriteExtFile()、AppendExtFile()两个函数来完成对外部文档的输入，格式为：

```
WriteExtFile(FileLocation^xm^".txt",daan);
AppendExtFile(FileLocation^xm^".txt",daan2);
```

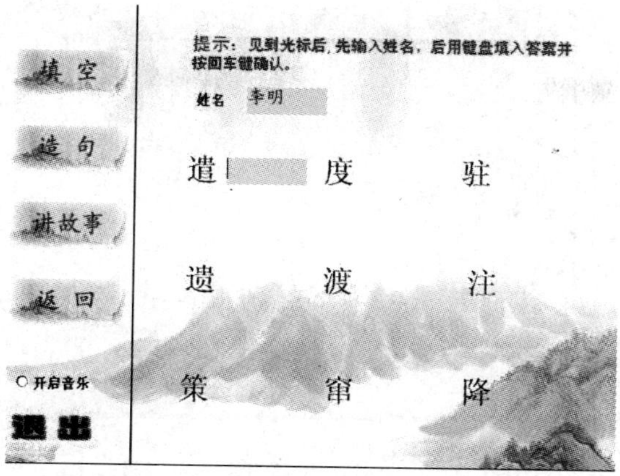

图 3.30 “填空”子模块的制作效果

这两个函数完成了将数据“daan”、“daan2”写入以“xm”命名的文本文档中。

3.4.5 结束部分的制作

结束部分的制作过程如下：

(1) 在主流程线上添加一个群组图标，命名为“退出”。

(2) 双击“退出”群组图标，在流程线上添加一个“判断”交互图标，添加一个热区域响应交互分支，如图 3.31 所示。

图 3.31 “退出”模块的程序结构

(3) 双击“退出界面”群组图标，在流程线上添加如图 3.32 所示的“声音”、“移动”等图标。

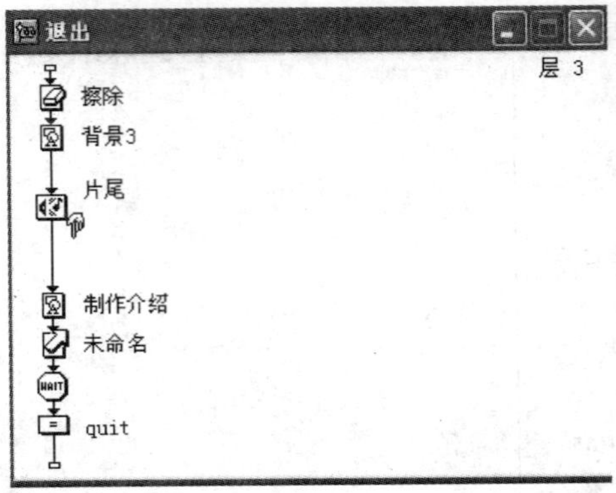

图 3.32 “退出界面”图标的设计

(4) 设置移动图标的属性如图 3.33 所示。

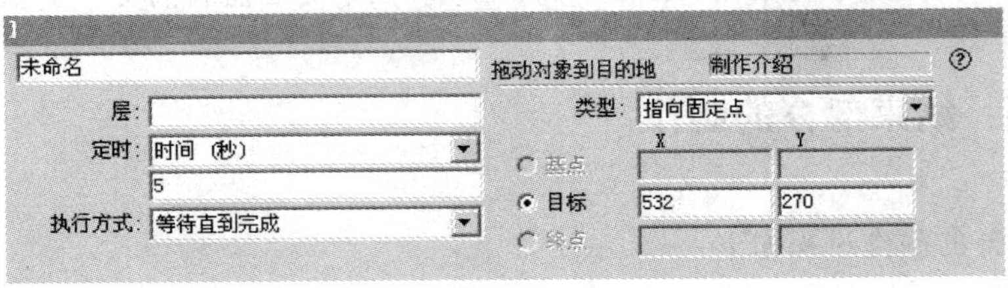

图 3.33 移动图标的属性

(5) 在课件运行开始对屏幕分辨率进行了更改，因此在退出课件时，应该对其分辨率进行还原，quit 计算图标的代码如图 3.34 所示。

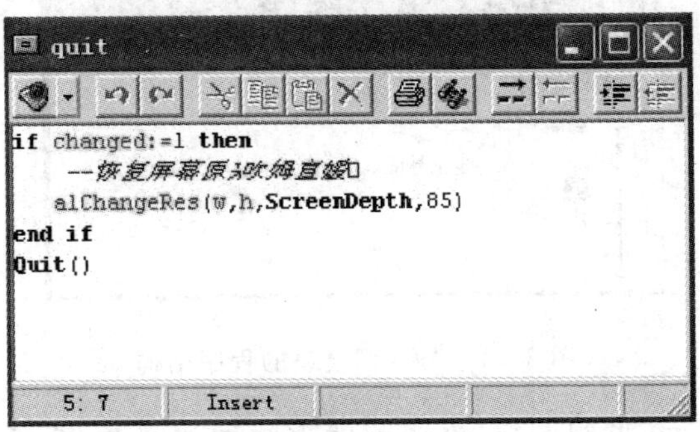

图 3.34 “quit”计算图标的代码

3.4.6　打包与发行

程序设计完成后，就可以对其进行打包和发行，具体步骤如下：

(1) 首先对文件进行发布前的设置，执行菜单命令“文件”→“发布”→“发布设置”，在弹出的 One Button Publishing 对话框中，对程序的发布进行设置，如图 3.35 所示。

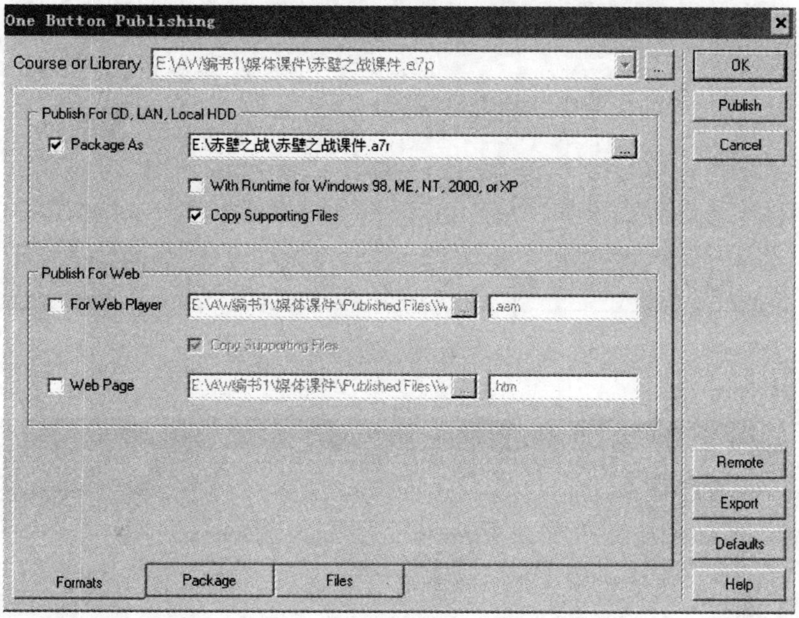

图 3.35　One Button Publishing 对话框的设置

(2) 单击 Package 选项卡，选择 Package All Libraries Internally 复选框，将所有库文件打包到文件中，选择 Package External Media Internally 复选框，将所有外部媒体打包到文件中，如图 3.36 所示。

小提示：如果没有选择 Package All Libraries Internally 选项，则 Authorware 会将每个库文件单独打包，并在打包的过程中显示“打包库”对话框，以供用户选择打包库的有关选项。

(3) 单击 Flies 选项卡，检查打包程序的源文件和目标文件设置，如果有错误，可以在此修改，如图 3.37 所示。

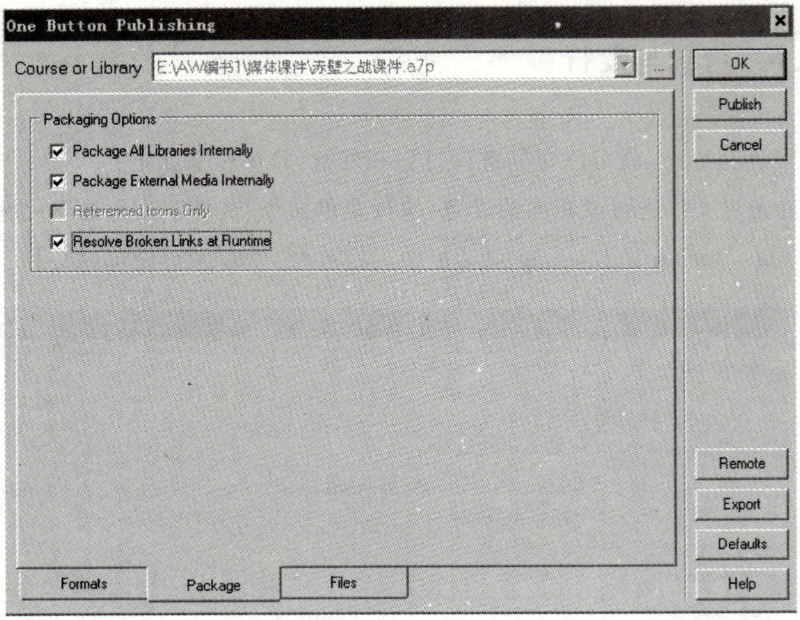

图 3.36 Package 选项卡的设置

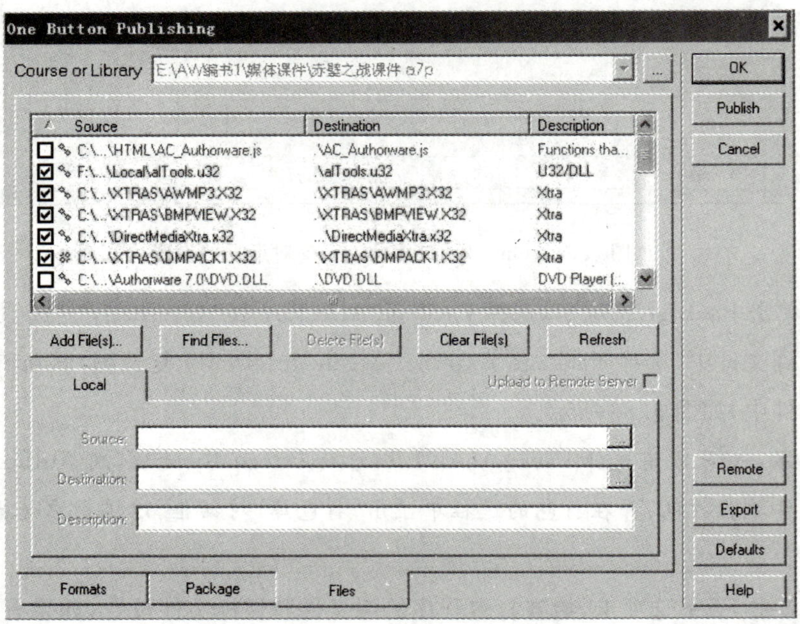

图 3.37 Files 选项卡

(4) 在 Source 列表中显示了发布时需要的文件以及相关信息,用户可以在前面的复选框中选中要发布的文件。文件路径前的标识表示文件连接状态,连接成功的文件链接使用蓝色的链接图标,断开的链接显示红色的链接图标。单击 Add Flies 按钮可以将 Source 列表中没有列出的文件加入到打包文件中。单击选中 Source 列表中的 DMPACK1. X32 文件,恢复断开的文件链接,如图 3.38 所示。

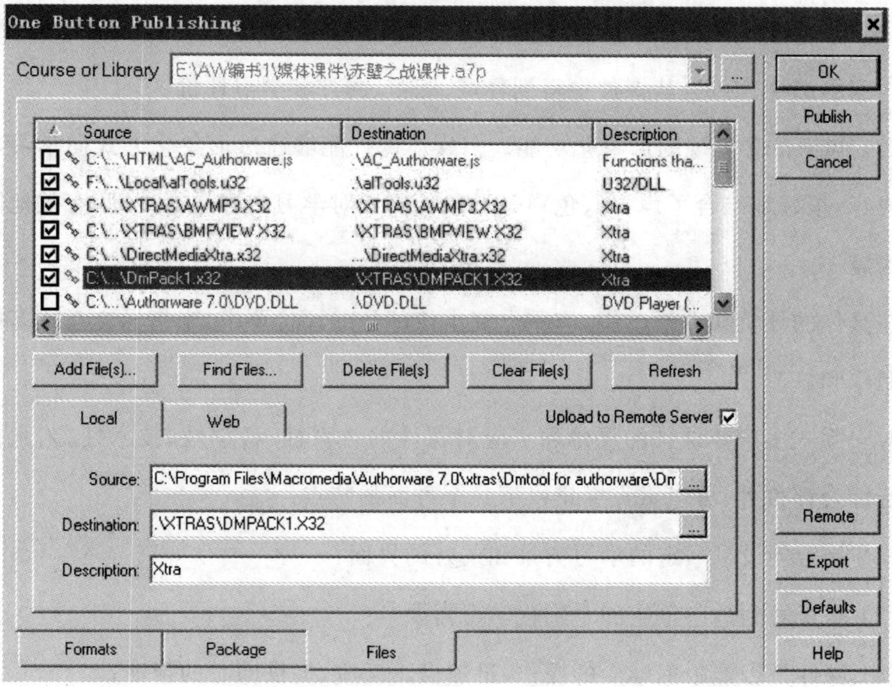

图 3.38 恢复断开的链接

(5) 设置好打包文件后,单击 Publish 按钮,打包生成执行文件。打包结束后,程序弹出发布成功提示对话框,如图 3.39 所示。

图 3.39 发布成功对话框

3.5 交互式多媒体课件的评价

一个良好的交互式多媒体课件更应突出以下评价指标，它包括：

(1) 灵活机动的交互性。学习者可以根据学习的进程和需要，切换界面以完成对学习内容的选择。可以从课件中得到释疑、练习、测评和学习评价。

(2) 知识信息呈现的形象化功能。多媒体课件能够通过形象化方式向学习者展示学习内容，很好地结合了声、光、色彩等形象化要素对学习内容进行处理，有效地降低了学习难度。

在具体的评价实践活动中，应重点突出该部分的评价要求，来指导交互式多媒体课件的制作和修改。

对交互式多媒体课件的评价除了应对课件的教育性、科学性、技术性、艺术性等方面进行综合评价外，可以重点突出以下几个方面的特点。

(1) 是否创设了一定的学习情景和友好的界面；

(2) 是否做到适应学生的个别化学习需要；

(3) 课件是否能根据学生的操作，迅速做出反应，提供即时的帮助；

在设计和制作交互式多媒体课件的过程中，制作者要根据交互式多媒体课件的特点，力求做到具有较强的交互性，有利于学生积极参与学习。

3.6 项目进一步延伸和拓展

关于《赤壁之战》的课件制作已经基本完成，同学们可以在此基础上做进一步的修改，例如：在制作按钮过程中，可以给按钮添加声音；本案例中，对“泛读”音频没有实现控制，为了方便教学的操作，在制作的时候可以对音频文件进行“暂停”、“继续”等控制操作，这都有待同学们在以后的制作中补充完善。

通过本项目的学习，大家了解了如何运用 Authorware 软件制作交互式多媒体课件，在熟练运用该软件后，同学们可以根据需要自己选定主题进行交互式多媒体课件设计与制作实践。

第 4 章

多媒体教学光盘的设计与制作

本章提要

本章主要阐述了多媒体教学光盘的制作背景及其设计内容，介绍了如何使用Director软件来制作多媒体教学光盘。完成本章的学习后，学习者能够掌握多媒体教学光盘的设计方法，并能够比较熟练地运用Director软件进行多媒体教学光盘的开发，并知道如何对多媒体教学光盘的评价。

本章重点

- 多媒体教学光盘的运用背景和特点
- 多媒体教学光盘的设计内容和设计过程
- 运用Director进行多媒体教学光盘的制作

4.1　项目背景及要求说明

4.1.1　多媒体教学光盘的应用背景

随着计算机技术的飞速发展，多媒体在社会生活的各个领域都有广泛的应用，多媒体光盘在教学中的应用也越来越普遍。多媒体教学光盘的信息存储量大，并且可以利用图形、音频、视频、动画等多种媒体来刺激学生的感官，提高学生的学习兴趣和注意力；良好的交互功能让学生在自学中不仅能观看，而且能够跟随光盘实际操作。光盘体积小，而且易于携带。

Director 软件是 Adobe 公司的产品，它是制作多媒体交互光盘最常用的工具软件之一，能轻松地利用图像、动画、音频、视频等素材制作成多媒体交互光盘，具有很强的集成性。目前市场上有许多的多媒体教学光盘是使用 Adobe Director 软件制作完成的。

4.1.2　多媒体教学光盘设计与制作的基本要求

本项目要求学生能根据自己的专业或兴趣选择一个课题，在做好教学设计的基础上，对多媒体教学光盘进行结构设计、界面设计、脚本设计等。并运用 Director 软件来完成一个多媒体教学光盘的制作，从而掌握使用 Director 软件来制作多媒体光盘的技巧，熟悉一个完整教学光盘的制作流程及规范要求。

下面以《Director 11 多媒体开发》多媒体教学光盘的设计和制作为例，说明如何利用 Director 来完成多媒体教学光盘的制作。

4.2 需求分析

Director 软件除了可以制作多媒体教学光盘，还可以用来制作多媒体教学课件、大型会展宣传片、触摸屏控制软件等，其功能比较强大，发展前景较好。目前 Director 软件在大中专院校的课程设置中很少涉及到，而且 Director 软件在中国市场上使用的都是英文版的，其中还涉及到 Lingo 脚本语言，会让一些非专业的人员感到学习起来比较困难，因此，有必要为学习 Director 软件制作一张多媒体教学光盘，帮助初学者学习观看。

《Director 11 多媒体开发》是为初学 Director 软件的学习者而设计的多媒体教学光盘，旨在让学习者通过该光盘的学习，能掌握利用 Director 11 进行多媒体教学光盘开发的一般过程和方法。

4.3 系统设计

系统设计是根据项目需要，对整个多媒体教学光盘进行设计，主要包括教学设计、光盘的整体结构、界面的风格及交互功能设计等。光盘的制作是以系统设计的成果为依据的，所以在这个环节中需要花大量的时间进行全面的设计，为制作环节做好铺垫。

4.3.1 教学设计

教学设计主要是指根据教学内容、教学目标以及教学对象的定位，确定合适的教学起点与终点，将教学诸要素有序、优化地安排，形成教学方案的过程。教学的设计要能体现培养学生的自学能力和分析问题与解决问题的能力。

以《Director 11 多媒体开发》为例，它是一个包含了 Director 软件基本内容介绍的教学光盘，目的是让初学者了解 Director 软件的基本操作。

1. 教学目标

(1) 初步了解 Director 软件;

(2) 熟悉 Director 软件的基本操作,掌握 Director 软件的基本使用;

(3) 能够使用 Director 软件来完成一个多媒体教学光盘的制作。

2. 教学对象

(1) 大学三年级本科学生或 Director 初级学习者;

(2) 学习者要有一定的编程基础和多媒体课件制作基础。

3. 教学重难点

(1) 教学重点:熟悉并能使用 Director 制作一个多媒体教学光盘;

(2) 教学难点:Director 中的 Lingo 语言的语法及使用。

4. 教学策略

(1) 课程导航

为了使学习者使用光盘时能够清楚地了解光盘的内容,需要设置清晰的导航结构,根据《Director 11 多媒体开发》的内容,将其分为七个部分。在光盘的主界面上有关于课程的七个按钮来引导学习者了解课程结构。

(2) 视听引导

在《Director 11 多媒体开发》多媒体教学光盘的各个分支内容中,大量使用视频来展示各个知识点的内容。视听刺激能够强化学习效果,提高自学效率。

(3) 基于案例的教学策略

整个教学内容是围绕"控制 Flash 动画播放"的制作,视频内容是展示如何制作"控制 Flash 动画播放"的,知识点是前后连续的,这样基于一个案例的学习有助于提高学习者的动手能力,把学习内容融入具体的案例中,让学有所用,可以激发学习者的创作热情,这对于学习多媒体软件是非常有意义的。

(4) 对比教学法

在“交互动画技术”章节中，实现交互的方法有很多种，可以直接使用行为库中的控制，还可以使用 Lingo 语言来实现交互功能，在教学中分别讲授使用两种方法来实现交互功能，对比两种方法来加强学习者对 Director 交互功能的了解，为学习 Lingo 语言打下基础。

5. 教学内容设计

在此光盘中，将学习 Director 的内容分为七个部分，分别是：“认识 Director”、“认识演员和演员表”、“认识剧本”、“认识舞台和精灵”、“动画技术和交互技术”、“脚本语言”、“作品发布”。这七部分内容围绕“如何制作 Flash 播放器”这个任务进行介绍，由于多媒体教学光盘主要是为学习者提供自主的学习内容，而且该光盘的教学内容主要是学习 Director 11 多媒体开发工具软件的使用，因此，各个模块学习内容的呈现方式主要是采用录制软件操作视频和动画的方式进行内容呈现。《Director 11 多媒体开发》多媒体教学光盘的教学内容设计结果如表 4.1 所示。

表 4.1 《Director 11 多媒体开发》多媒体教学光盘的教学内容设计结果

知识点	学习目标	学习内容	教学媒体及呈现方式
认识 Director	初步认识 Director 软件的界面以及 Director 11 基本的功能结构	新建 Director 11 文件，并观看其工作界面，主要包括：菜单栏、工具栏、舞台窗口、剧本窗口、演员表窗口、控制面板	以声音加画面的方式呈现，根据声音的速度，画面中提示所讲到的功能
认识演员和演员表	了解什么是演员表和演员，能够熟悉新建演员表、从外部导入素材到演员表中的操作，会创建文本演员	通过案例“制作 Flash 播放器”来进行本章节和后续章节的学习。在新建的 Director 文件中，新建演员表，然后从外部导入素材到演员表中	以视频和解说方式呈现学习内容
认识剧本	了解什么是剧本窗口，熟悉剧本窗口中的特效通道	将演员表中演员拖放到剧本窗口中，将声音素材拖放到声音通道中，尝试各个特效通道的功能	以视频和解说方式呈现学习内容
认识舞台和精灵	了解什么是舞台窗口和精灵，能够改变精灵的属性	选中舞台窗口中的精灵，执行属性操作，查看和更改精灵属性	以视频和解说方式呈现学习内容

续表

知识点	学习目标	学习内容	教学媒体及呈现方式
动画技术和交互技术	了解动画技术和交互技术的概念，能够制作帧连帧动画；能够为精灵自定义行为	选中舞台窗口中的控制按钮精灵，设置行为来控制 Flash，制作帧连帧动画	以视频和解说方式呈现学习内容
脚本语言	了解 Director 软件常用的脚本语言，熟悉常用的 Lingo 命令	在精灵所在的最后一帧处的脚本通道中双击，在弹出的对话框中输入"go to the frame"来控制作品的时间	以视频和解说方式呈现学习内容
作品发布	知道 Director 作品发布的基本操作步骤	作品完成以后执行发布操作命令，设置发布属性	以视频和解说方式呈现学习内容

4.3.2 结构设计

一个有效的规划是一部多媒体光盘成功的关键。应以多媒体光盘的特点和内容为依据，合理划分层次的数量。《Director 11 多媒体开发》交互光盘的层次分为"欢迎界面"(片头)、"主界面"、"分支页面"、"退出页面"，系统结构图如图 4.1 所示。

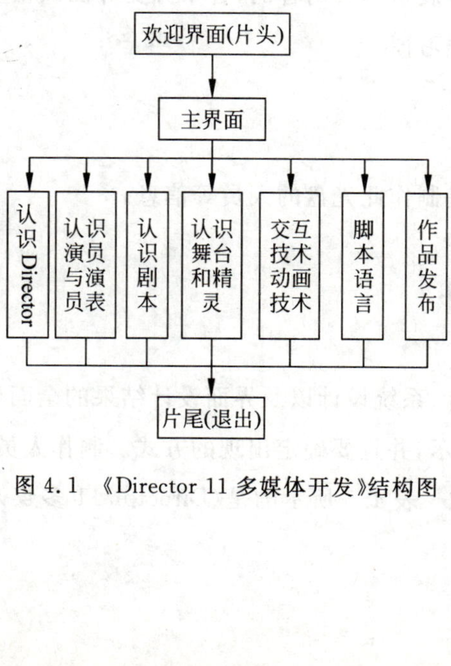

图 4.1 《Director 11 多媒体开发》结构图

4.3.3 界面设计

多媒体教学光盘对界面的设计要求较高,除了追求屏幕的美观、形象和生动之外,还要求屏幕内容具有较强的系统性和交互性,能展现光盘的内容和运行次序。

1. 欢迎界面

欢迎界面即光盘的片头,是学习者与光盘接触的第一个界面,所以界面设计要能够吸引学习者的眼球,激发学习者的学习兴趣。先绘制设计草图,然后根据设计方案草图,选择合适的软件来完成欢迎界面的设计效果。

2. 主界面

主界面是教学光盘内容的第一级界面,通过主界面可以跳转到各章节学习内容的页面。主界面是整个作品风格的标准,它的设计将直接影响到整个交互作品的风格,所以除了从版式方面突出整体的风格外,还要利用交互功能来提升整体的视觉效果。

3. 二级界面

二级界面是为学习者展示学习内容的,各个分支界面风格要求简单统一,教学内容展示要符合人的视觉思维习惯。

4. 退出界面

退出界面内容可以是制作此光盘的人员等信息。

4.3.4 脚本设计

脚本设计是教学设计、系统设计以及界面设计结果的全面反映,对需求选择适当的媒体,并在适当的时间显示,并且要确定出现的方式。制作人员将如实按照脚本来完成整个光盘的制作。表 4.2～表 4.5 所示的是《Director 11 多媒体开发》多媒体教学光盘的部分脚本设计结果。

表 4.2 《Director 11 多媒体开发》多媒体教学光盘的“片头”脚本

名称	内容	制作说明
片头		界面中间放置一个 loading 的 Flash。添加一个隐形矩形，制作成热区，位置放置在 Flash 上，效果是当鼠标在 Flash 范围内变成小手形状，以提醒学习者单击进入下一步
声音	bgm. mp3	mp3 为背景音乐，单击关闭、开启控制背景音乐

表 4.3 《Director 11 多媒体开发》多媒体教学光盘的“主界面”脚本

名称	内容	制作说明
主界面	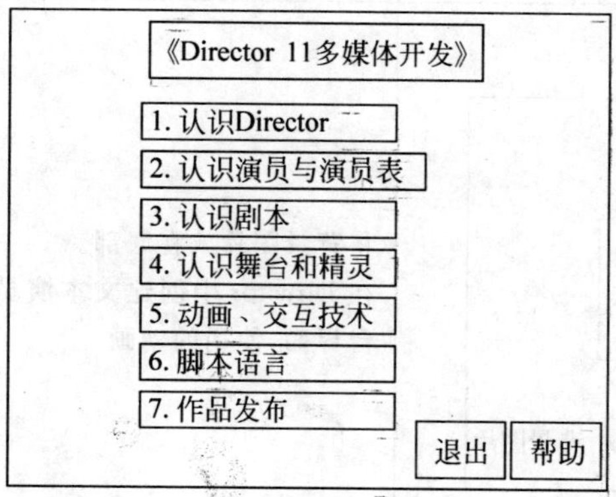	标题文字在 Photoshop 中制作。 七个内容导航按钮在 Flash 中制作好，添加上跳转的动作脚本语言。 “退出”和“帮助”按钮为图形按钮，单击“退出”按钮时跳转到退出界面；单击“帮助”按钮打开帮助信息
声音	bgm. mp3	bgm. mp3 为背景音乐

表 4.4 《Director 11 多媒体开发》多媒体教学光盘的“分支界面”脚本

<table>
<tr><th>名称</th><th>内　　容</th><th>制 作 说 明</th></tr>
<tr><td>各个分支界面</td><td>
</td><td>学习视频是根据学习内容的需要录制的视频素材。
在 Photoshop 中制作按钮“播放”、“暂停”和“返回”三个按钮。
“播放”和“暂停”按钮可控制视频的播放和暂停，“返回”按钮控制从分支界面回到主界面</td></tr>
</table>

表 4.5 《Director 11 多媒体开发》多媒体教学光盘的“片尾”脚本

<table>
<tr><th>名称</th><th>内　　容</th><th>制 作 说 明</th></tr>
<tr><td>退出界面</td><td>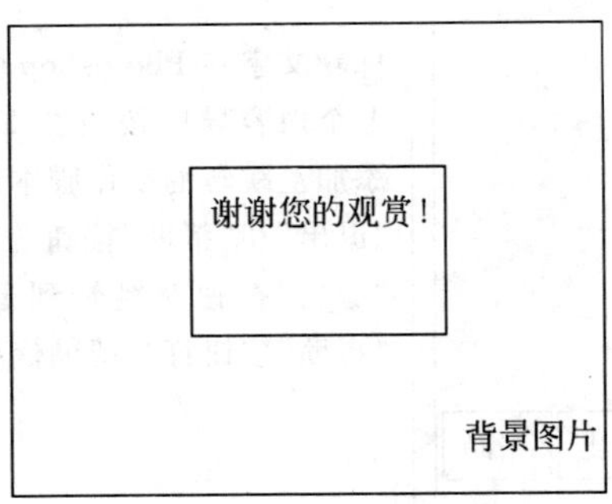
</td><td>将背景图片放在底部。
在 Director 中创建文本演员，拖放到舞台界面，使用的动画</td></tr>
<tr><td>声音</td><td>bgm. mp3</td><td>bgm. mp3 为背景音乐</td></tr>
</table>

4.4　多媒体教学光盘的制作

4.4.1　媒体素材准备

根据前面的系统设计结果，在制作多媒体教学光盘前，需要把制作光盘中所需要的素材准备好。

1. 背景图片

在多媒体光盘制作过程中，需要用相同的色调和相似的背景图片使界面的风格保持一致，《Director 11 多媒体开发》的主界面和退出界面使用了相同的背景图片，如图 4.2 所示。

图 4.2　背景图片

2. "主界面"交互按钮

虽然 Director 有强大的交互功能，但是相对复杂的按钮建议选择 Flash 来完成。根据学习内容的划分，需要制作 7 个大小相同，形态色彩相近的按钮来实现各分支内容的链接，在主界面中设置一个“退出”按钮，链接到退出页面，还要一个“帮助”按钮，单击“帮助”按钮进入网络学习 Director 的更多帮助信息。根据设计的效果在 Flash 中将各个按钮做出来，作为后面制作光盘的素材。设计效果如图 4.3 所示。并为 1 铅笔按钮添加动作脚本“on (release) {getURL("lingo: go to frame\"01\"");}”，其他 2～7 铅笔按钮也添加动作脚本，将其中的 01 分别改为 02、03、04、05、06、07，如图 4.4 所示。

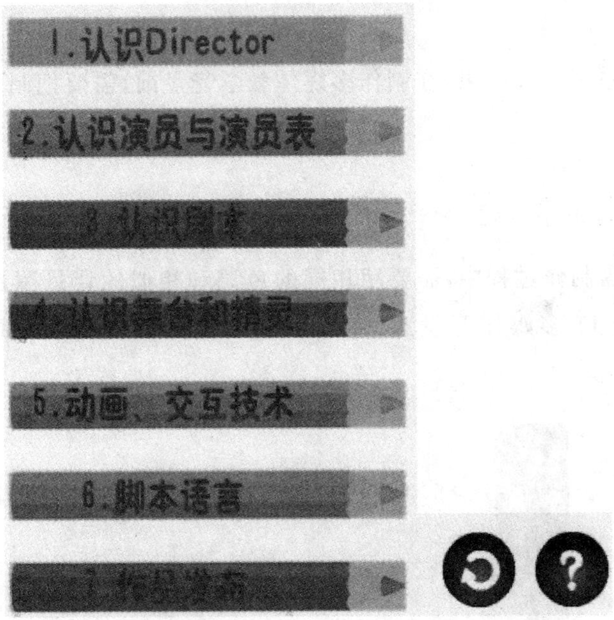

图 4.3　主界面的设计效果

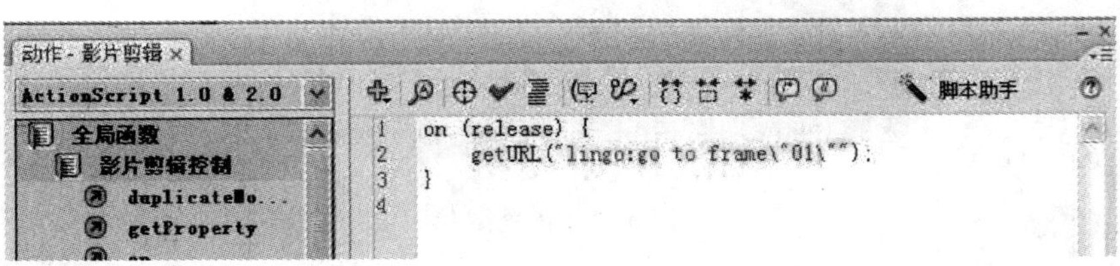

图 4.4　为按钮添加动作脚本

3. 分支界面的交互按钮

分支界面的交互按钮用来控制教学视频的播放，所以设置了“播放”、“暂停”、“返回”三个按钮，根据设计效果在 Photoshop 中制作出三个按钮，最终效果如图 4.5 所示。

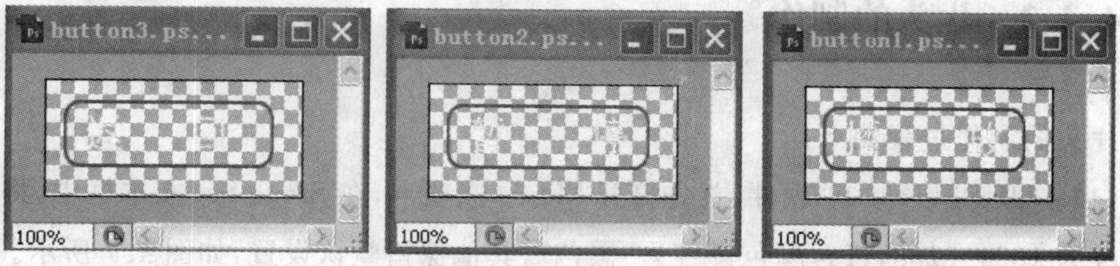

图 4.5 分支界面交互按钮设计最终效果图

4. 视频素材

在脚本设计中，设计了动画或视频来给学习者展示学习内容。还可以用录屏软件来录制软件的操作过程。视频录制效果如图 4.6 所示。

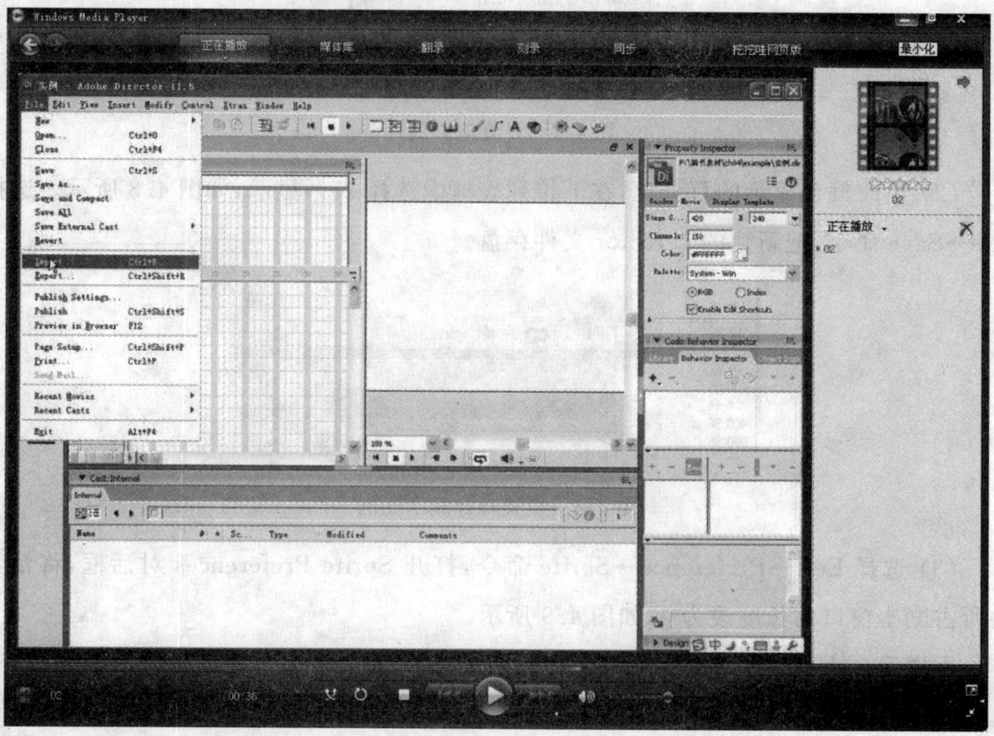

图 4.6 视频效果图

4.4.2 片头的制作

片头的制作过程如下：

(1) 打开 Director 11 软件，首先打开 Movie 选项卡，在 Stage Set 文本框中，将尺寸大小改为 1024×768，舞台颜色设置为“黑色”，其他保留默认设置，如图 4.7 所示。

图 4.7 设置电影属性

(2) 更改舞台显示的百分比，在下拉列表框中选择 25%显示，如图 4.8 所示。选择 File→Save 命令，把新建的 Director 文件存盘。

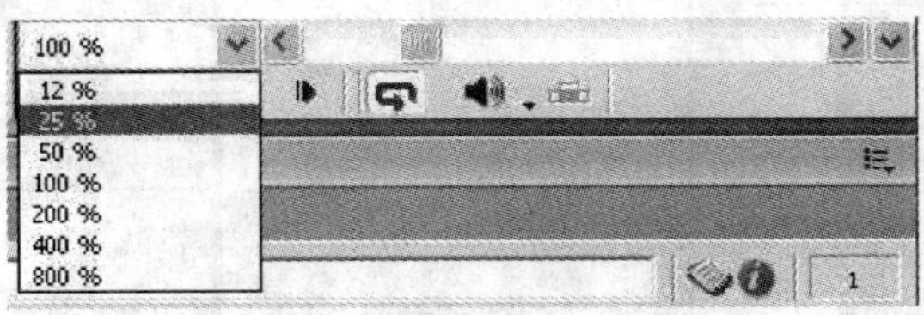

图 4.8 设置舞台显示比例

(3) 选择 Edit→Preference→Sprite 命令，打开 Sprite Preferences 对话框，将精灵的所占剧本窗口的长度改为 4，如图 4.9 所示。

小提示：精灵所占剧本窗口的长度表示精灵在播放过程中占据的时间长度，帧长越大占据的时间越长。

(4) 在 Cast：Internal 演员窗口中单击 Choose Cast 按钮，在展开的下拉列表中单击 New Cast 按钮，打开 New Cast 对话框，在 Name 文本框中输入 start，选中 Internal

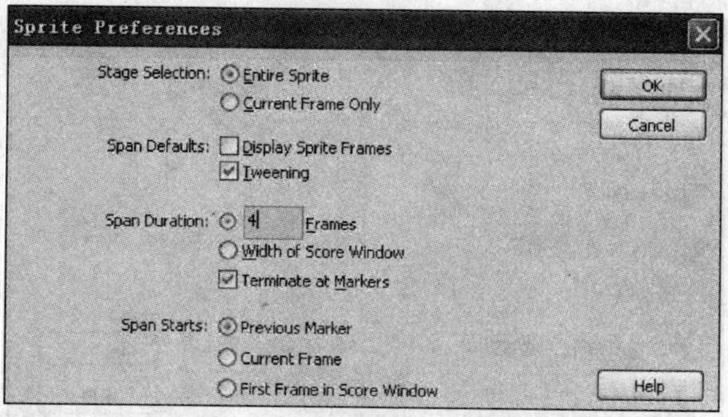

图 4.9　设置精灵长度

单选按钮，单击 Create 按钮保存设置，如图 4.10 所示。

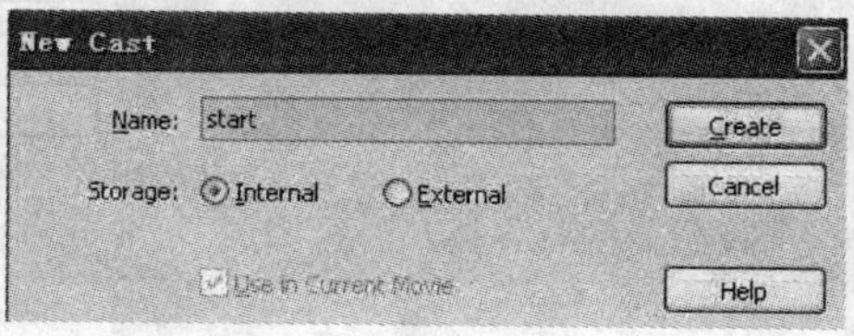

图 4.10　New Cast 对话框

小提示：在 Director 中演员表分为"内部演员表"和"外部演员表"，"内部演员表"是影片文件的组成部分；"外部演员表"保存成扩展名为 cst 的演员表文件，不是影片文件的组成部分。

(5) 按照步骤(4)为每个界面建立一个演员表，如图 4.11 所示。

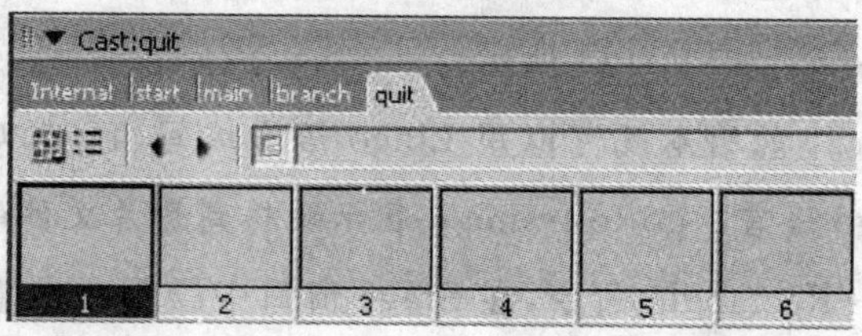

图 4.11　导入演员素材

(6) 选中演员表 start，选择 File→Import 命令，在弹出的 Import Files into "start" 对话框选中 load. swf 文件，如图 4.12 所示，单击 Import 按钮将它们导入。

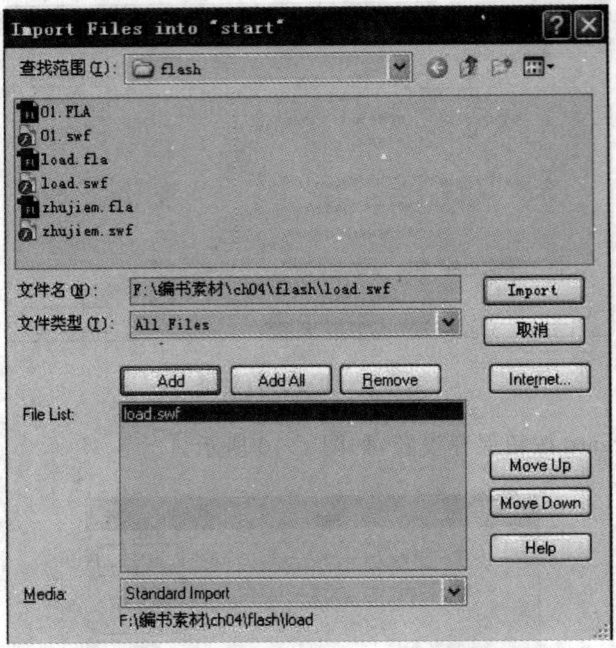

图 4.12　导入素材

(7) 将演员表 start 中的素材拖入到 Score 窗口中，调整演员在 Stage 窗口中的位置，将精灵的 Ink 属性设置为 Background Transparent，如图 4.13 所示。

小提示：Ink 的取值不同，精灵在舞台上的效果也不相同。学习者可以尝试不同的墨水效果。

(8) 在 Stage 窗口中选中 load.swf 文件，右击选择 Script 命令，在弹出的对话框中输入脚本“go to frame 6”，如图 4.14 所示。

小提示：Director 中的脚本既可以用 Lingo 语言编写，也可以用 JavaScript 编写。本章使用的都是 Lingo 语言。go to frame 6 表示跳转到影片文件的第 6 帧。

(9) 选择 Tools→Rectangle 命令，在 Stage 窗口中绘制一个隐形矩形，作为热区，当鼠标碰到热区时鼠标能变成手状，从而引导学习者单击界面按钮，完成交互，效果如图 4.15 所示。

(10) 选中舞台上的这个隐形按钮，选择 Windows→Behavior Inspector 命令，打开 Behavior Inspector 面板，单击如图 4.16 所示的 New Behavior 命令，新建行为。

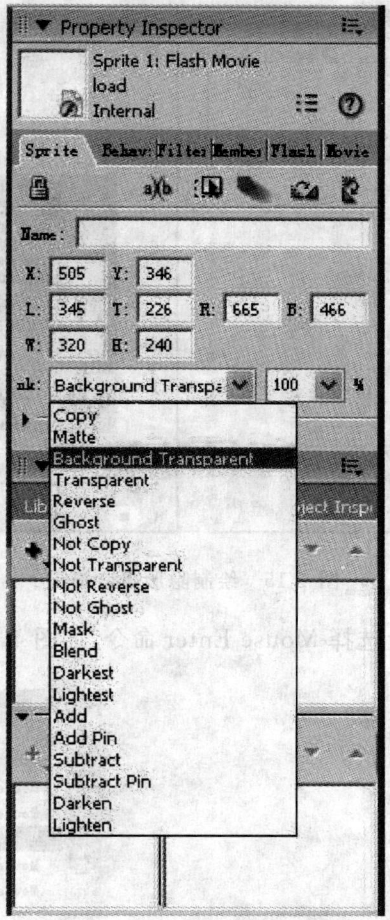

图 4.13　选择 Ink(墨水)效果

图 4.14　为 load.swf 精灵添加脚本

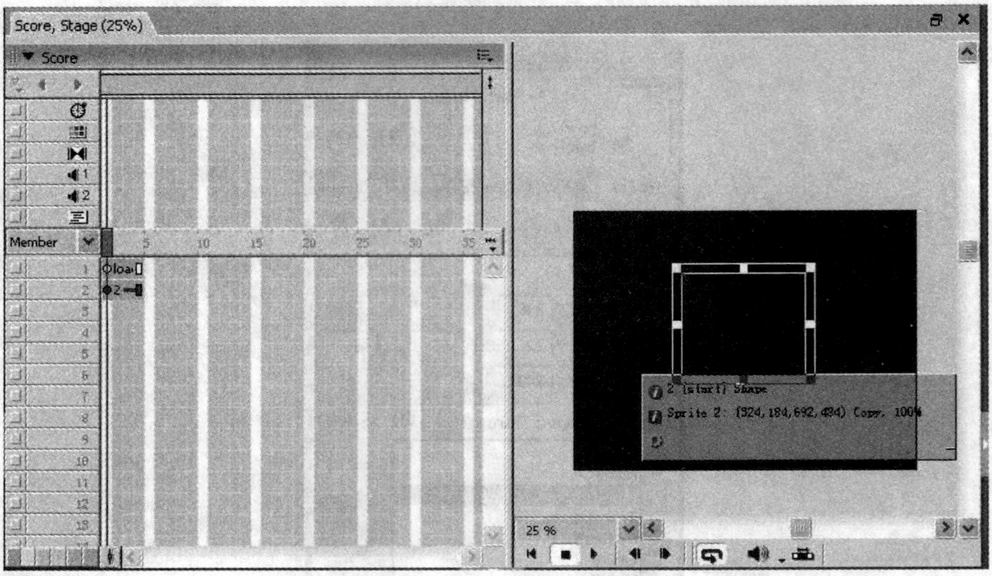

图 4.15　绘制隐形矩形按钮

(11) 在 Events 面板上选择 Mouse Enter 命令,如图 4.17 所示。

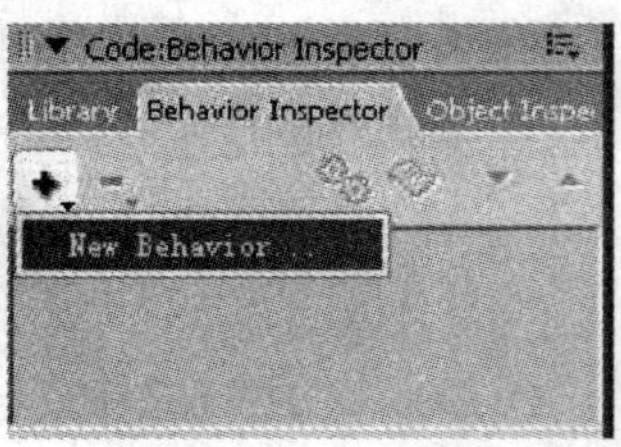

图 4.16　Behavior Inspector 面板

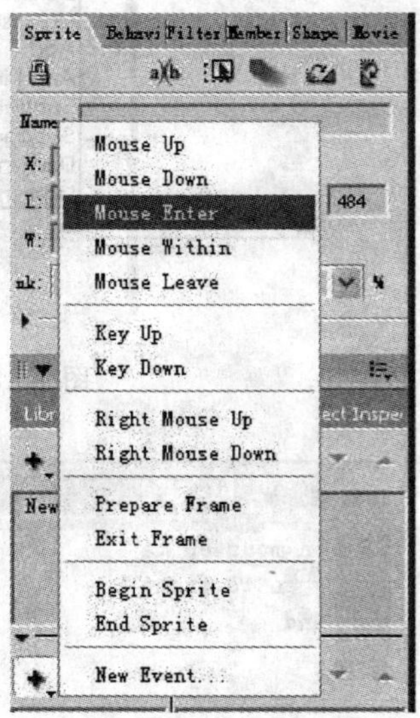

图 4.17　选择鼠标进入事件

(12) 在 Actions 面板上选择 Cursor→Change Cursor 命令,如图 4.18 所示。

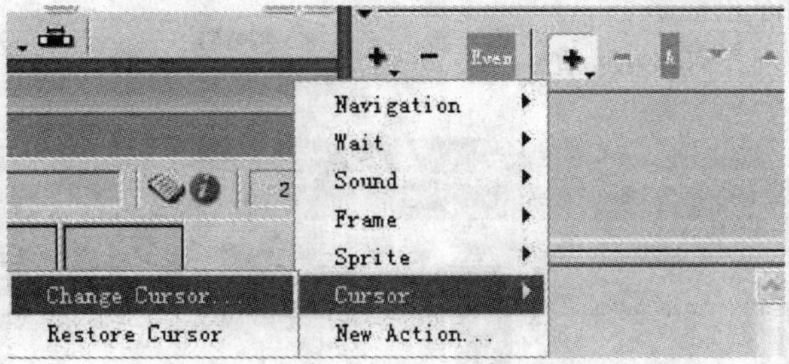

图 4.18 选择对应的动作

(13) 在弹出的 Specify Cursor 对话框中,选择 Finger 选项,单击 OK 按钮,如图 4.19 所示。

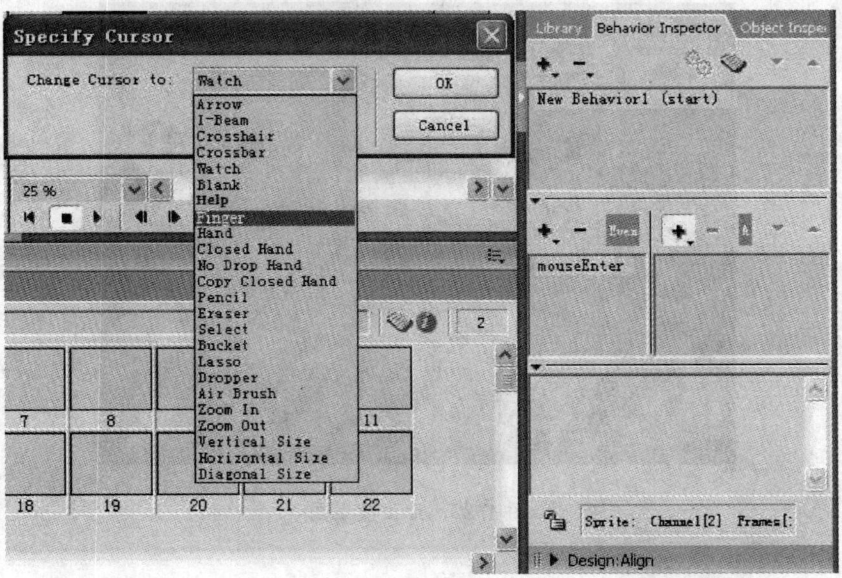

图 4.19 选择具体的动作

(14) 制作鼠标离开事件。在 Behavior Inspector 面板中的 Events 面板上,选择 Mouse Leave 命令,在 Actions 面板上选择 Cursor→Restore Cursor 命令,这样当鼠标离开这个矩形区域时,鼠标指针就会恢复原来的形状。

(15) 将时间指示器移到第 4 帧处,双击如图 4.20 所示的脚本通道,在弹出的对话框中输入脚本“go to the frame”，如图 4.21 所示，此代码表示播放到此帧的时候停止播放。

图 4.20　脚本通道

(16) 片头制作完成后的效果如图 4.22 所示。

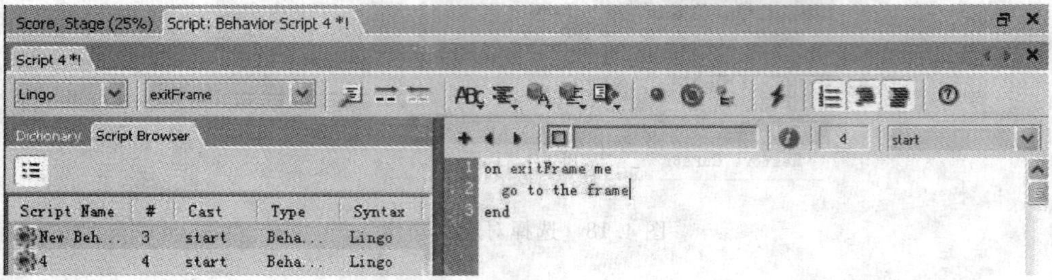

图 4.21　在脚本窗口中输入代码

图 4.22　片头效果图

4.4.3　主界面的制作

主界面的制作过程如下：

(1) 选中演员表 main，选择 File→Import 命令，在弹出的对话框中选择 zhujiem.swf 文件，单击 Import 按钮，如图 4.23 所示。

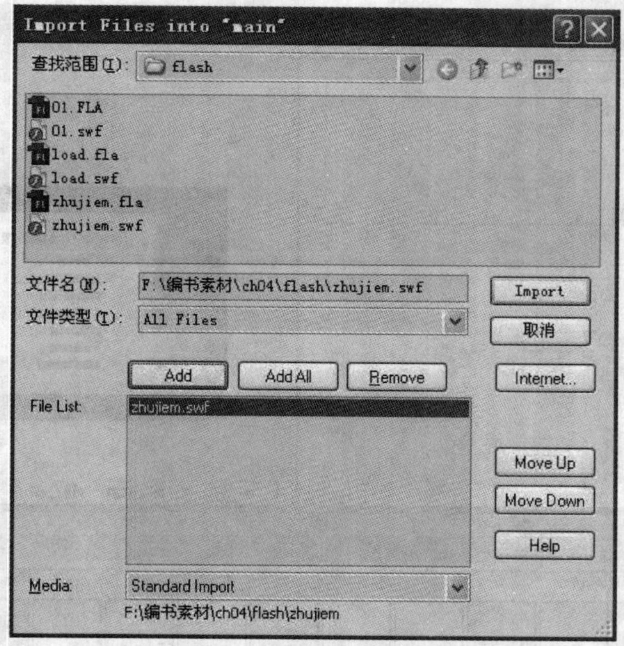

图 4.23 导入素材对话框

(2) 将时间指示器移到第 6 帧，把演员表 main 中的 zhujiem. swf 文件拖到 Stage 窗口中，调整它的位置，如图 4.24 所示。

(3) 选择 Tools→Rectangle 命令，在 Stage 窗口中绘制一个隐形矩形，把它的位置调整到导入的 zhujiem. swf 中的第一个按钮的位置上，如图 4.25 所示，按照片头制作热区的方法，给这个隐形矩形添加上行为，当鼠标在这个热区内，鼠标变成手形光标，离开热区恢复原来的状态，如图 4.26 所示。

难点：设置隐形热区可以提示界面的跳转等功能，主要在于鼠标的进入和移出状态下鼠标的形状变化。

(4) 在 Score 窗口中选中上一步中制作的隐形按钮，右击选择如图 4.27 所示的 Copy Sprites 命令。

(5) 选中第三轨道，右击选中如图 4.28 所示的 Paste Sprites 命令，调整它的位置到 zhujiem. swf 文件中的第二个按钮上。

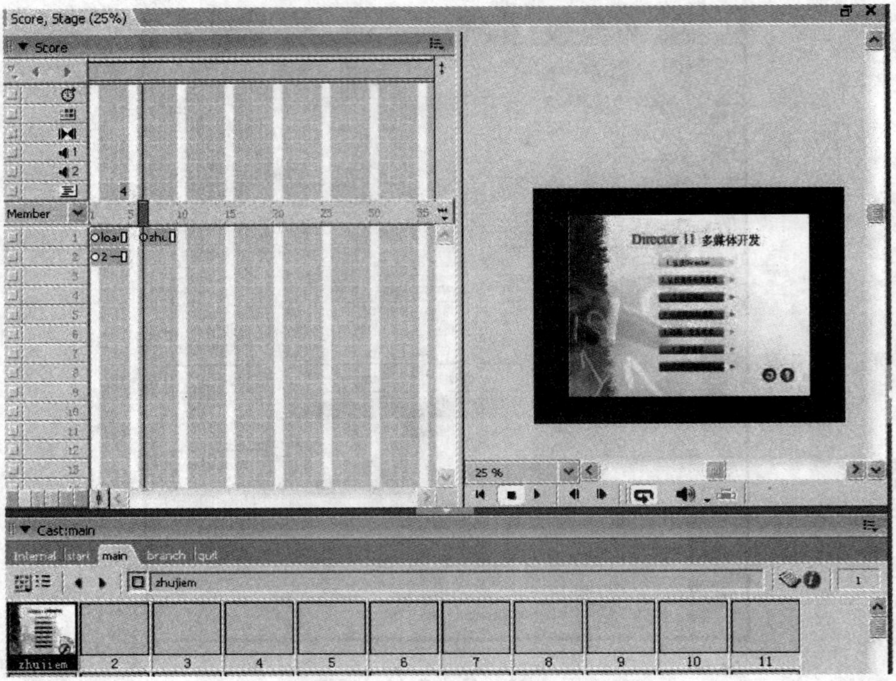

图 4.24 将演员拖入到剧本窗口

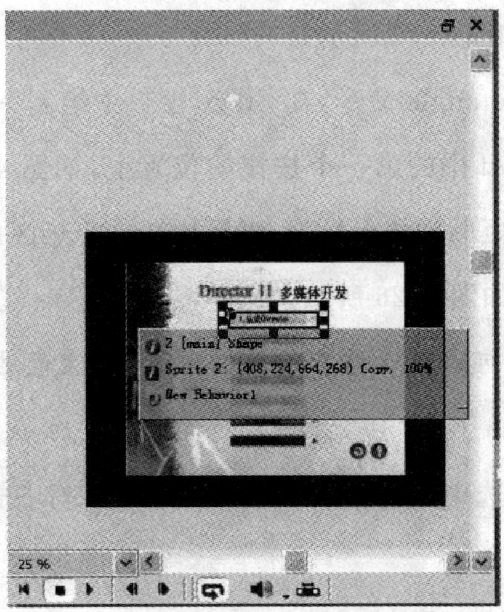

图 4.25 绘制隐形矩形

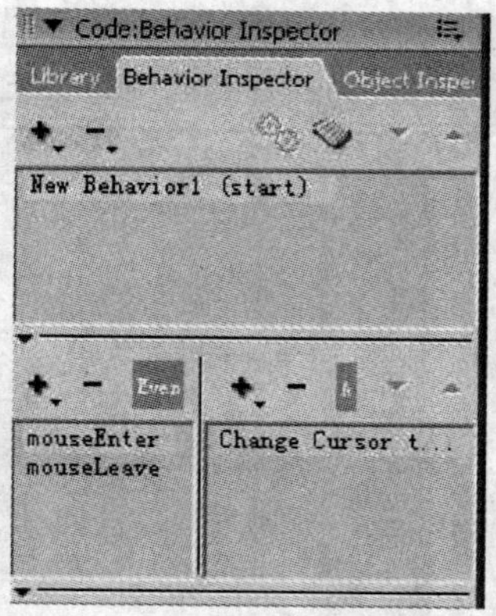

图 4.26　为隐形矩形设置行为

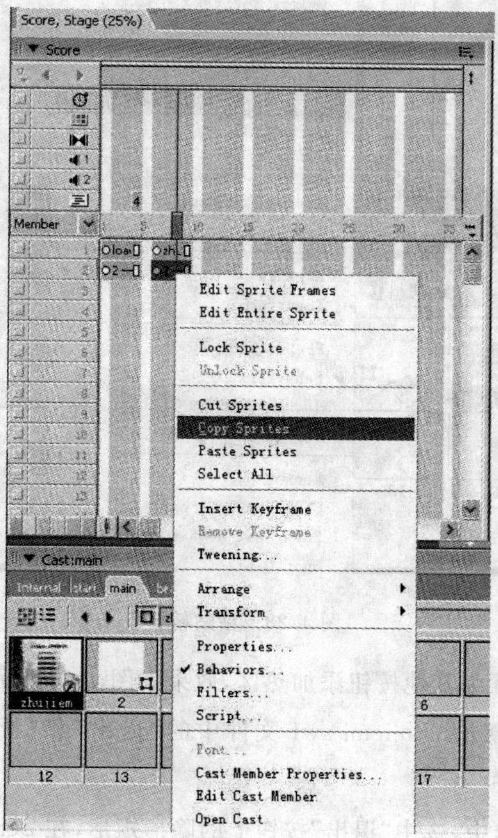

图 4.27　复制精灵

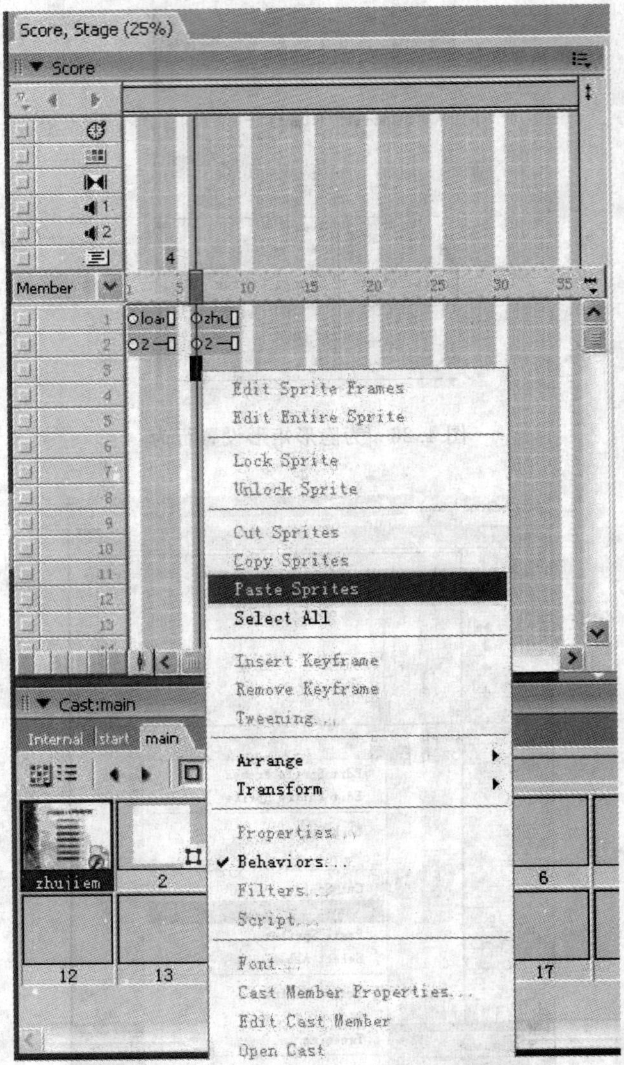

图 4.28 粘贴精灵

(6) 按照上述步骤为其他按钮添加热区，效果如图 4.29 所示。

(7) 按照上述步骤给 zhujiem. swf 文件中的“退出”和“帮助”按钮添加热区，如图 4.30 所示。

(8) 在 Stage 窗口中，选中“退出”按钮上的隐形矩形，在 Behavior Inspector 面板中单击 Behavior Popup 命令，为这个矩形添加新的行为，如图 4.31 所示。

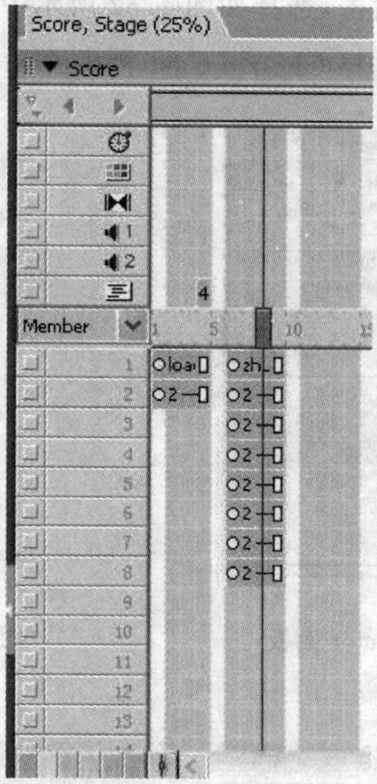

图 4.29　剧本中 7 个按钮的热区

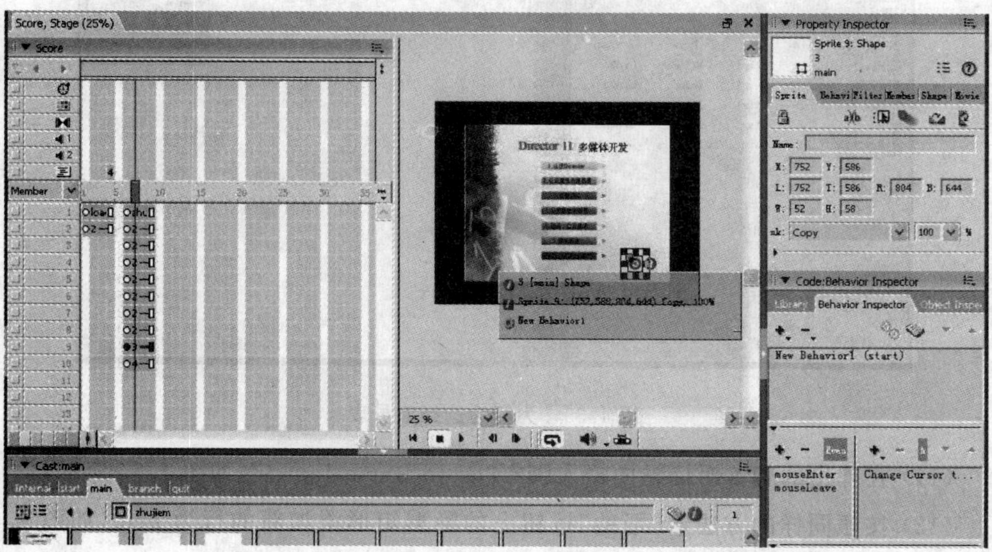

图 4.30　为“退出”和“帮助”按钮添加热区

(9) 选中新建的行为 go 右击,选择如图 4.32 所示中的 Script 命令。

(10) 在弹出的对话框中选择 Choose Cast 栏中的 main 演员表,如图 4.33 所示。

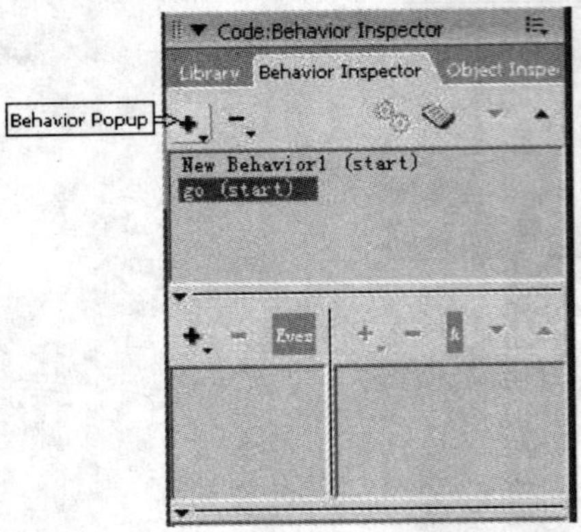

图 4.31 Behavior Inspector 面板

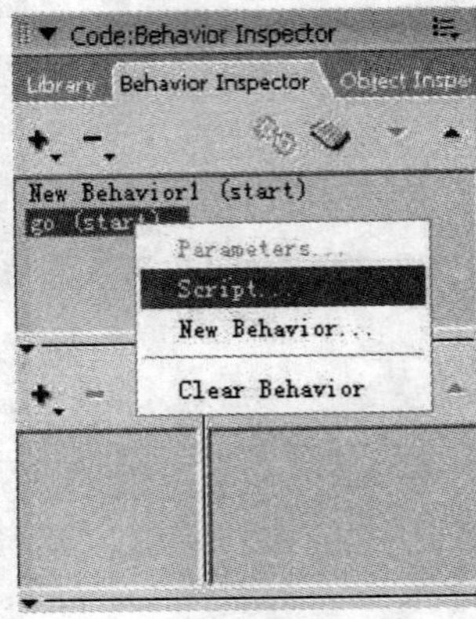

图 4.32 为行为添加脚本语言

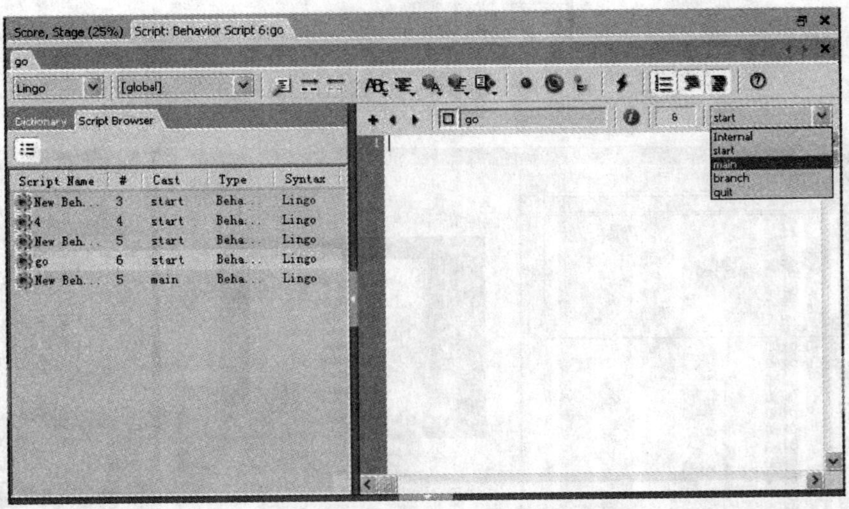

图 4.33 为行为选择演员表

(11) 在弹出的脚本对话框中输入脚本"go to frame 'quit'",如图 4.34 所示。

(12) 按照同样的方法给"帮助"按钮上的隐形矩形添加新的行为 help,如图 4.35 所示。

(13) 在弹出的脚本语言对话框中输入如图 4.36 所示的脚本语言。

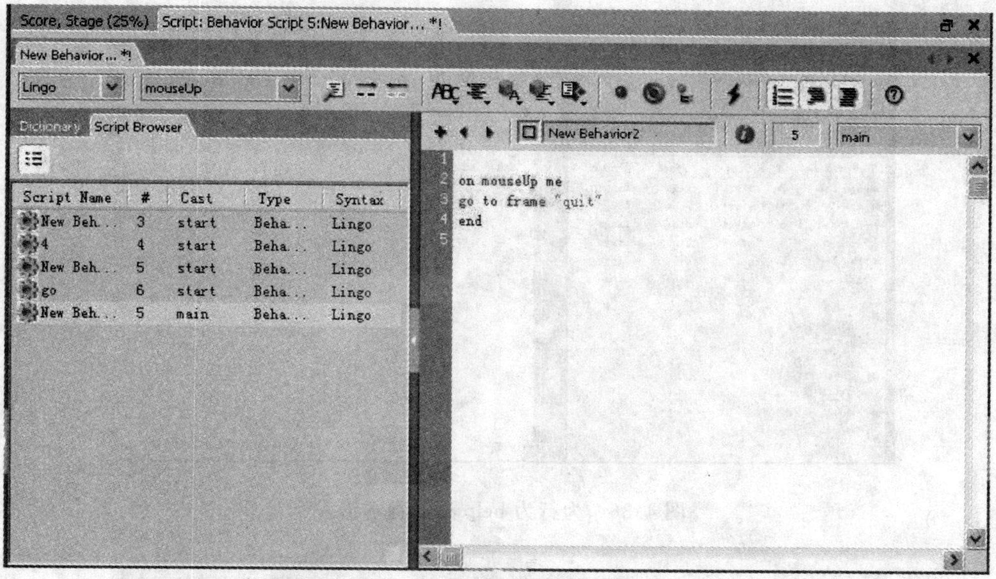

图 4.34　输入脚本语言

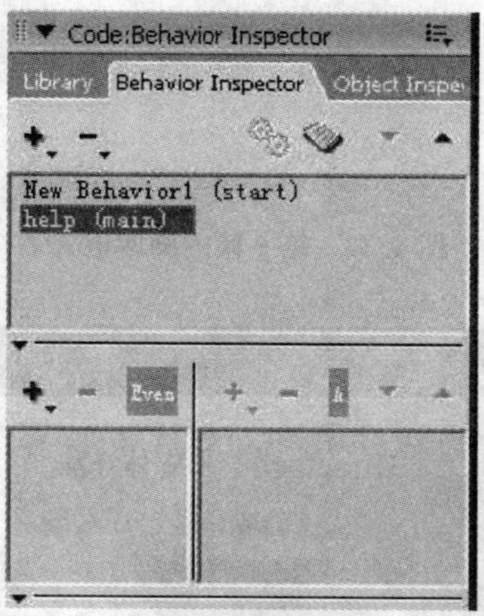

图 4.35　为"帮助"按钮上的隐形矩形添加新的行为

(14) 双击第 9 帧的脚本通道，在弹出的对话框中输入脚本"go to the frame"，如图 4.37 所示。

(15) 主界面最终的制作效果如图 4.38 所示。

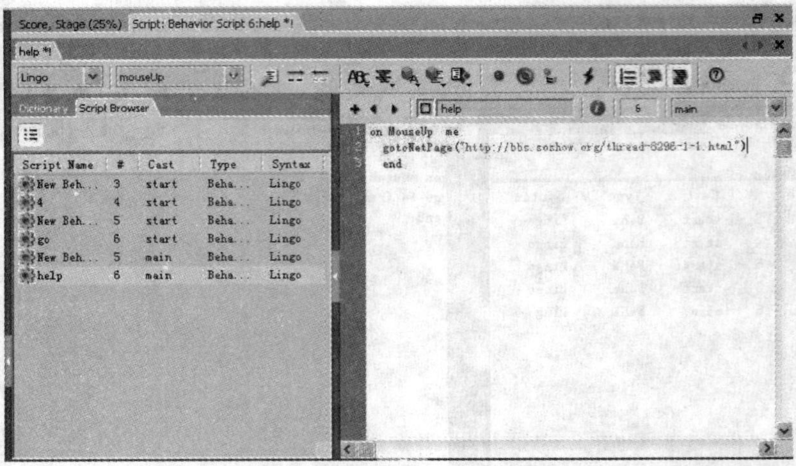

图 4.36　为行为 help 添加脚本语言

图 4.37　第 9 帧的脚本语言

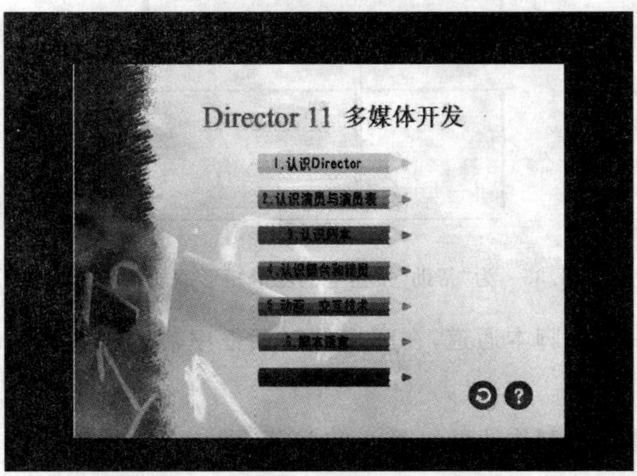

图 4.38　主界面最终效果

4.4.4　各个分支内容的制作

在分支内容制作过程中，可以采用将各个分支内容放在一个文件中，也可以将各个分支内容做成独立的文件，使用跳转语句来实现各个分支内容间的跳转。此项目中将各个分支内容放在一个文件中，制作步骤如下：

(1) 在 Score 窗口中将时间指示器移到第 11 帧，在 Cast 窗口中选中 branch 演员表，选择 File→Import 命令，在弹出的对话框中选择制作各个分支内容所需要的素材，最后导入到 branch 演员表的效果如图 4.39 所示。

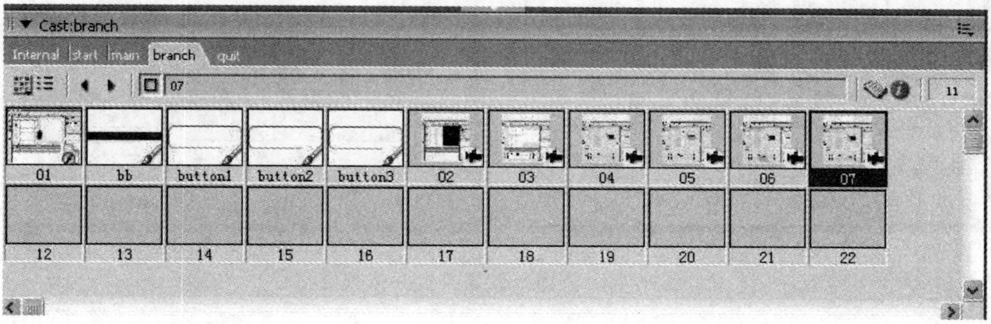

图 4.39　分支内容的演员

(2) 在 Score 窗口中将时间指示器移到第 11 帧，将演员 01、bb、button1、button2、button3 拖到 Stage 窗口中，调整它们的位置，如图 4.40 所示。

(3) 在 Score 窗口中，选中 01 精灵，在 Property Inspector 面板中，选择 Flash 选项卡，勾选 Paused 选项，如图 4.41 所示。

(4) 在 Stage 窗口中选中 button1，右击选择如图 4.42 所示中的 Script 命令。

(5) 在弹出的脚本对话框中输入“sprite(1). play() updateStage”，如图 4.43 所示。

(6) 按照步骤(4)、(5)的方法为 button2 添加脚本“sprite(1). movierate＝0”，为 button3 添加脚本“go to frame 6”。

小提示：脚本“sprite(1). movierate＝0”表示设置精灵的 1 通道播放速度为 0，即停止播放。

(7) 将时间指示器分别移到第 16 帧、21 帧、26 帧、31 帧、36 帧、41 帧处，将 branch

演员表中的 02、03、04、05、06、07 分别拖到 Stage 窗口中，调整它们在 Stage 中的位置，如图 4.44 所示。

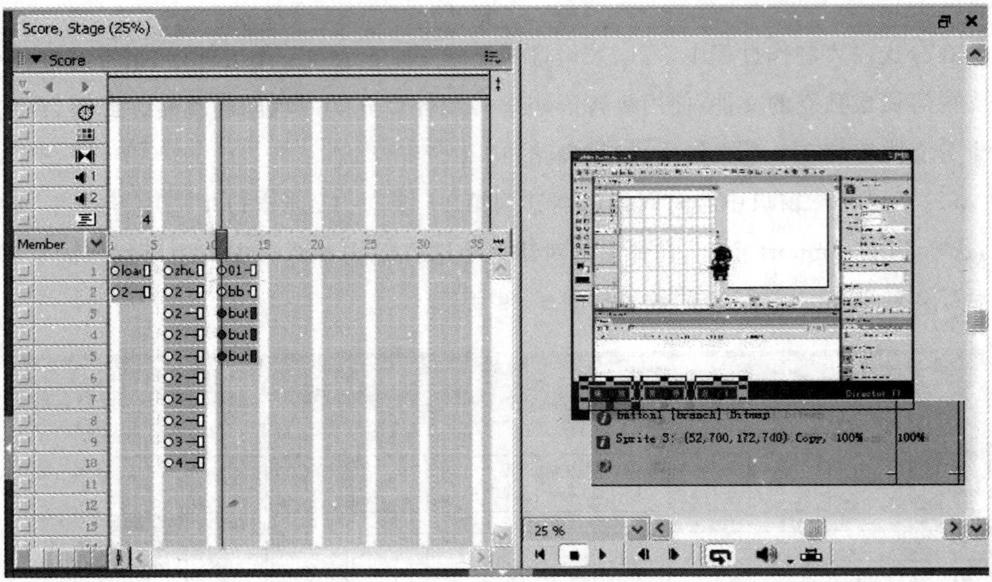

图 4.40　将演员放置舞台并排列好

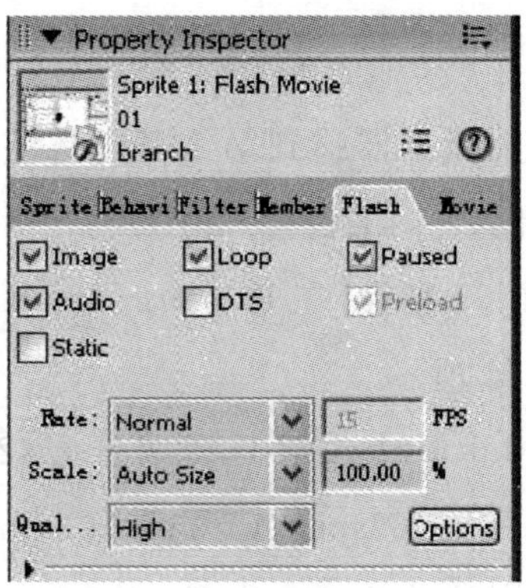

图 4.41　设置 Flash 属性

(8) 在 Score 窗口中分别选中 02、03、04、05、06、07 精灵，在 Property Inspector 面板中选择 AVI，勾选 AVI 选项卡中的 Paused 选项，如图 4.45 所示。

小提示：勾选 Paused 选项是为了在播放影片开始时，不让视频自动播放。

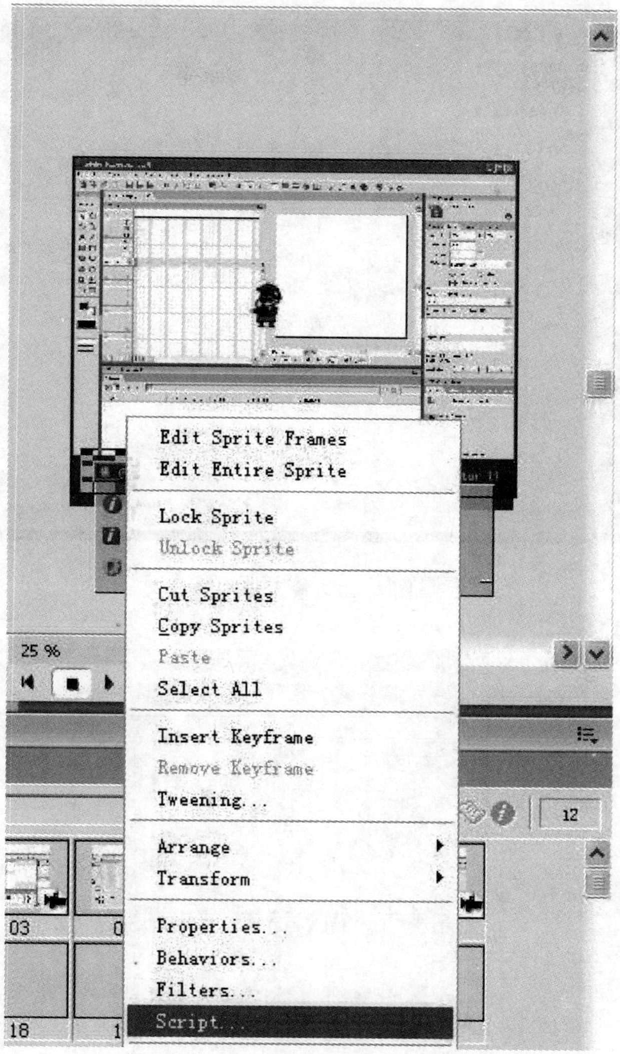

图 4.42　为 button1 添加脚本

(9) 将时间指示器移到第 11 帧上，选中 bb、button1、button2、button3，右击选择如图 4.46 所示中的 Copy Sprites 命令。

(10) 分别在第 16 帧、21 帧、26 帧、31 帧、36 帧、41 帧处，在 Score 窗口中的第二通道上右击，选择如图 4.47 所示中的 Paste Sprites 命令。

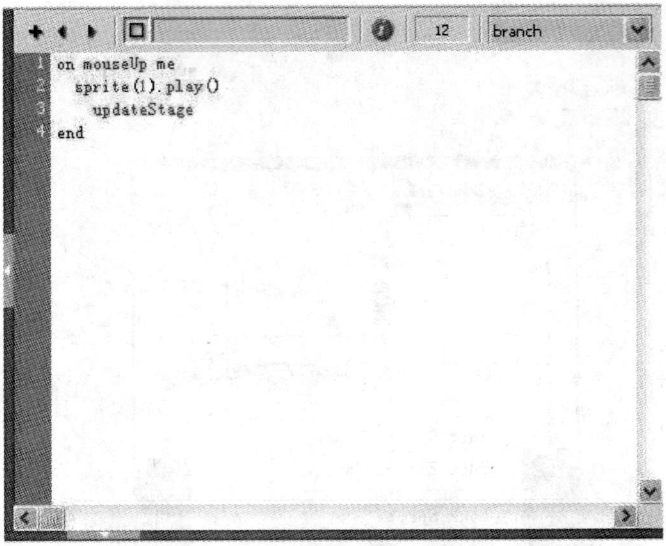

图 4.43　输入脚本

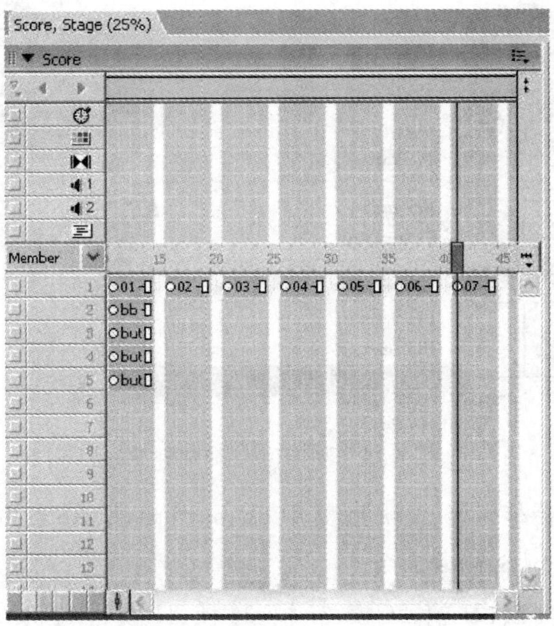

图 4.44　将其他演员拖至舞台窗口中

图 4.45 设置 AVI 的属性

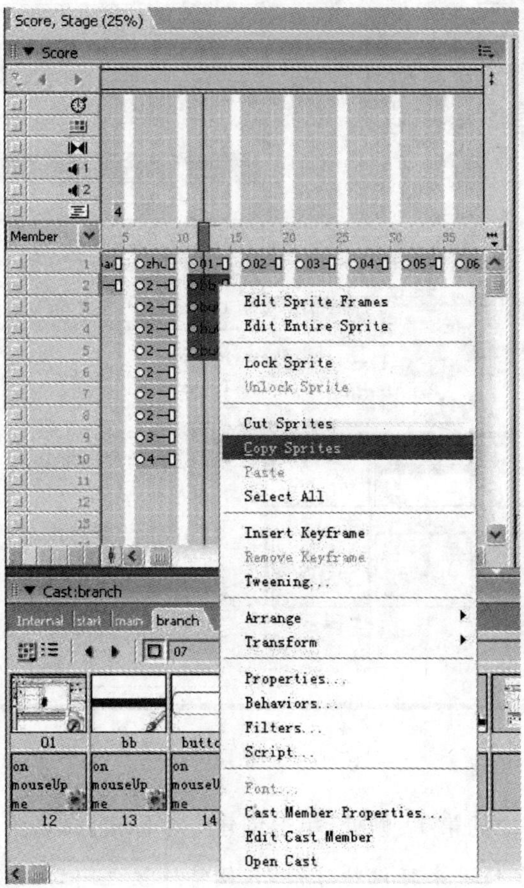

图 4.46 复制精灵

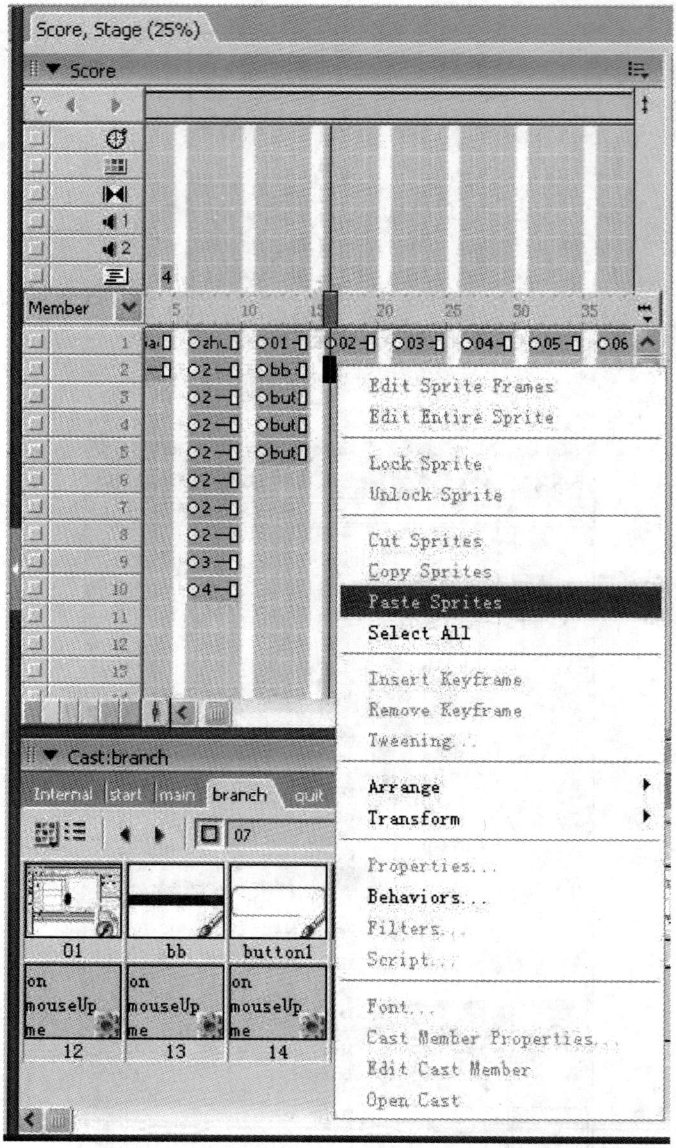

图 4.47　粘贴精灵

(11) 在标记通道中的第 11 帧处，单击创建一个标记，命名为 01，如图 4.48 所示。

小提示：利用标记通道来标记特殊帧，方便特殊帧之间的切换。

(12) 按照步骤(11)的方法，分别在第 16 帧、21 帧、26 帧、31 帧、36 帧、41 帧处创建

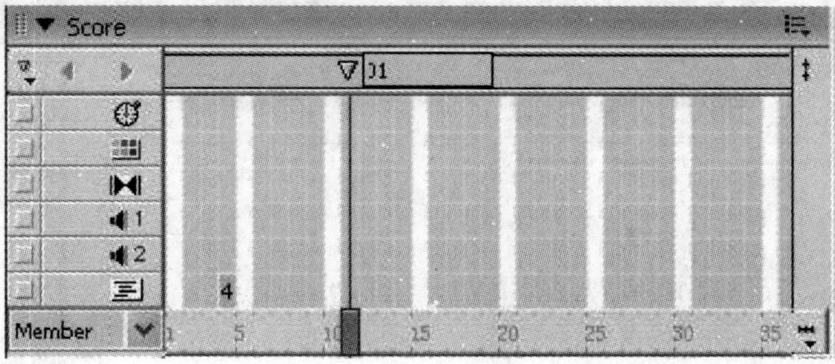

图 4.48 添加标记

标记分别命名为 02、03、04、05、06、07，如图 4.49 所示。

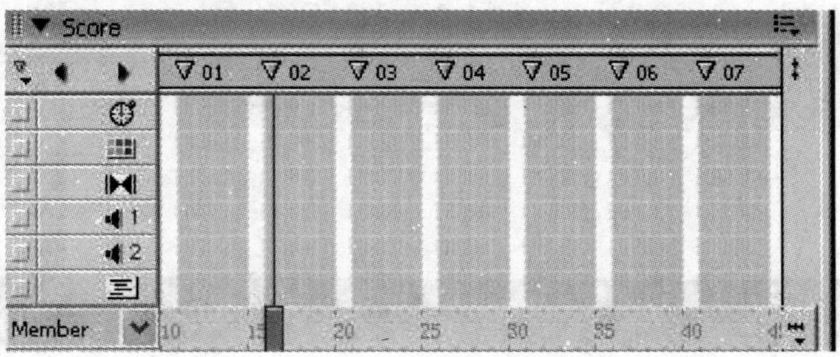

图 4.49 分别添加标记

（13）分别在第 14 帧、19 帧、24 帧、29 帧、34 帧、39 帧、44 帧的脚本通道中双击，如图 4.50 所示。在弹出的对话框中输入脚本“go to the frame”。

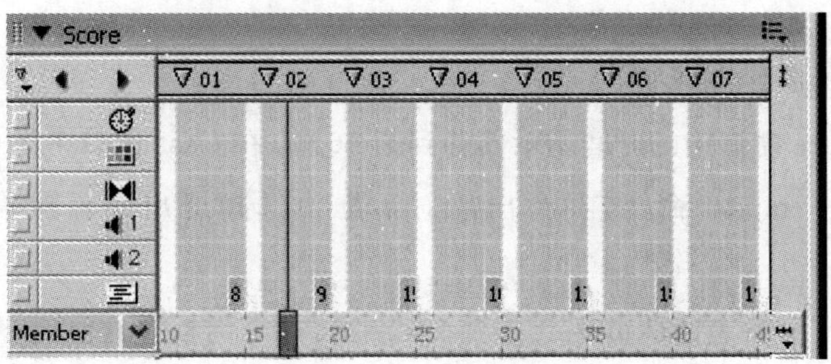

图 4.50 添加脚本

（14）至此各个分支内容就制作完成，分支内容的制作效果如图 4.51 所示。

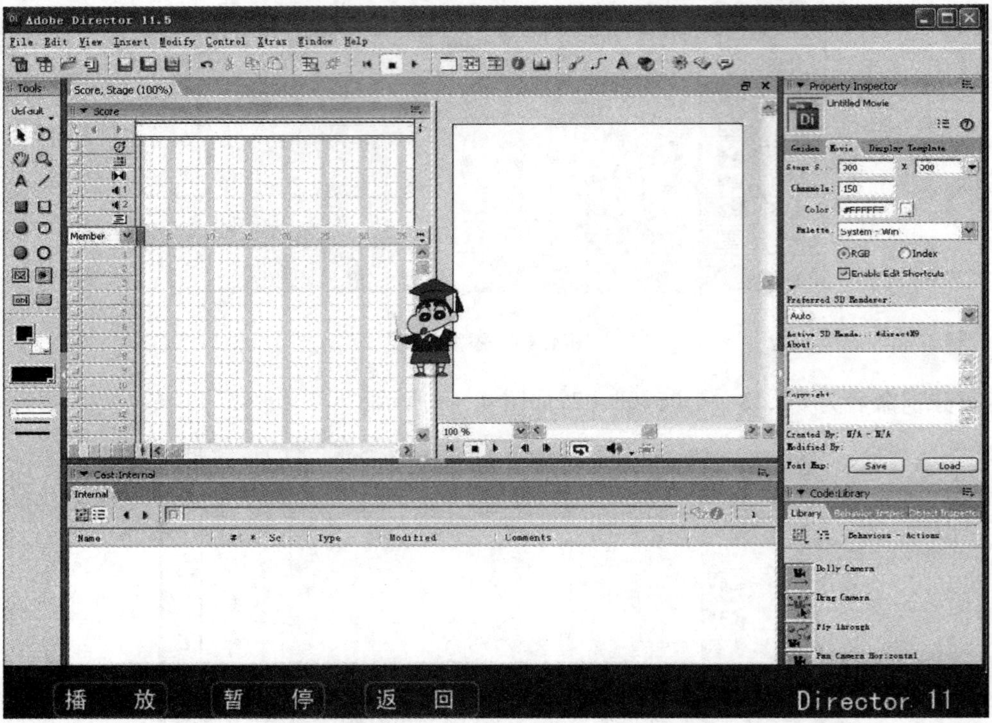

图 4.51　分支界面效果

4.4.5　退出部分的制作

退出部分的制作步骤如下：

(1) 将 Score 窗口中的时间指示器移到第 46 帧，在 Cast 窗口中选中 quit 演员表，然后执行 File→Import 命令，在弹出的对话框中选择退出界面所需要的素材，如图 4.52 所示。

(2) 将 quit 演员表的演员 quit 拖到 Stage 窗口中，调整它的位置，然后在 Score 窗口中，选中 quit 精灵的最后一帧(第 49 帧)，按住 Shift 键拖动鼠标将帧长延至 120 帧，如图 4.53 所示。

(3) 将时间指示器移到第 46 帧，单击工具栏上的 Text Window 按钮 A ，在弹出

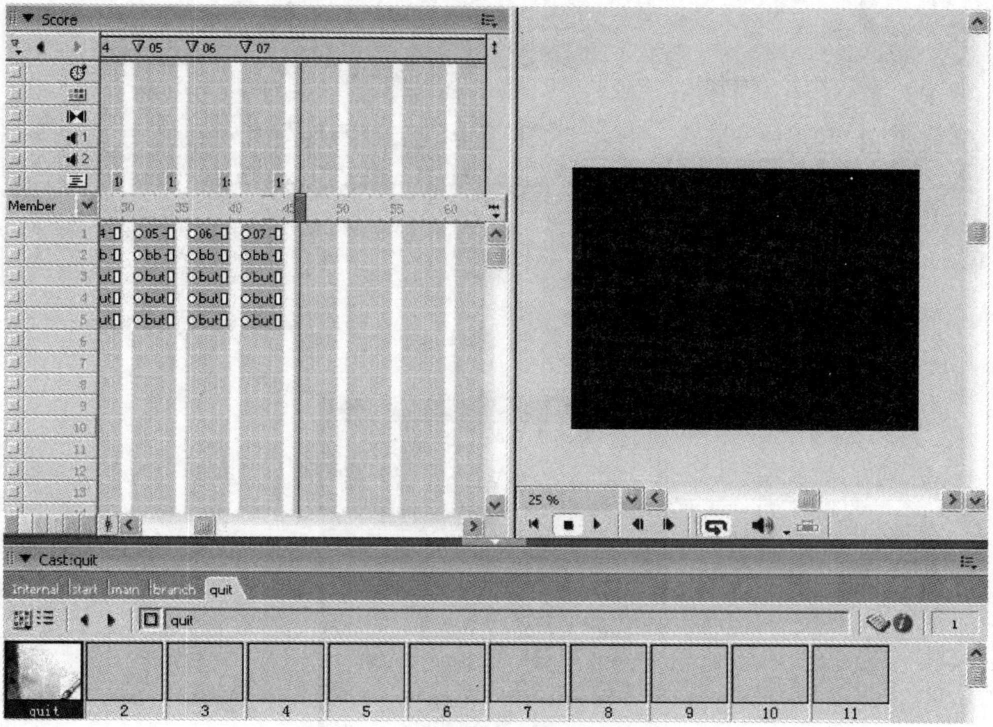

图 4.52　导入素材到 quit 演员表中

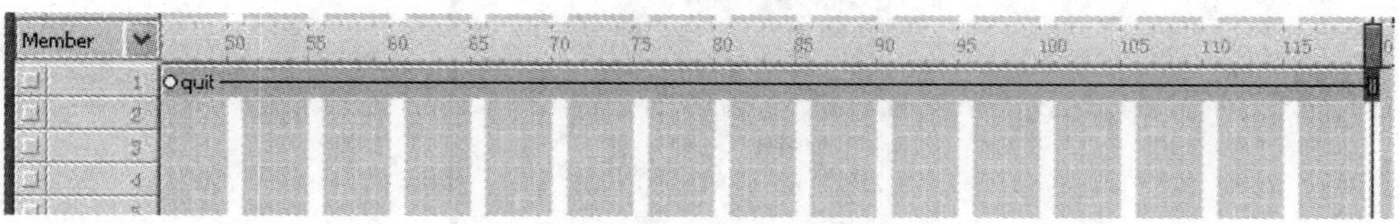

图 4.53　延长 quit 精灵的长度

的对话框中输入文字“谢谢您的观赏”，如图 4.54 所示。

(4) 将创建的文本演员拖至 Stage 窗口中，调整它的位置，设置 Ink 属性为 Background Transparent，如图 4.55 所示。

(5) 在 Score 窗口中，选中文本精灵的最后一帧(第 49 帧)，按住 Shift 键拖动鼠标将帧长延至 120 帧，如图 4.56 所示。

(6) 在标记通道的第 46 帧处，建立一个命名为 quit 的标记，如图 4.57 所示。

图 4.54　创建文本

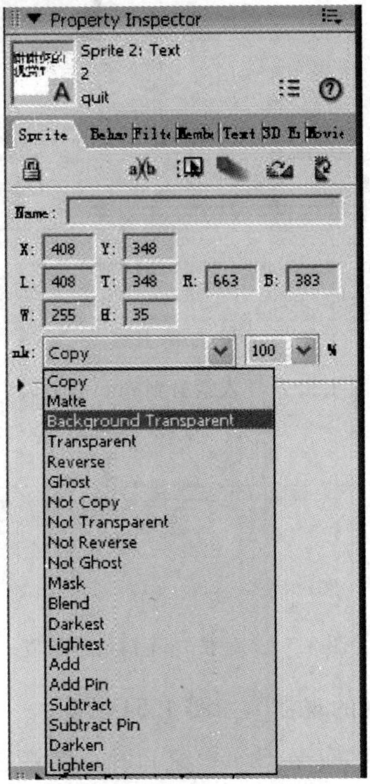

图 4.55　设置 Ink 效果

(7) 将时间指示器移到第 1 帧处，单击工具栏上的 Play 按钮，测试影片的播放是否顺畅，如有问题请根据提示来修改。

(8) 最后将作品输出。执行 File→Publish Setting 命令，打开 Publish Settings 对

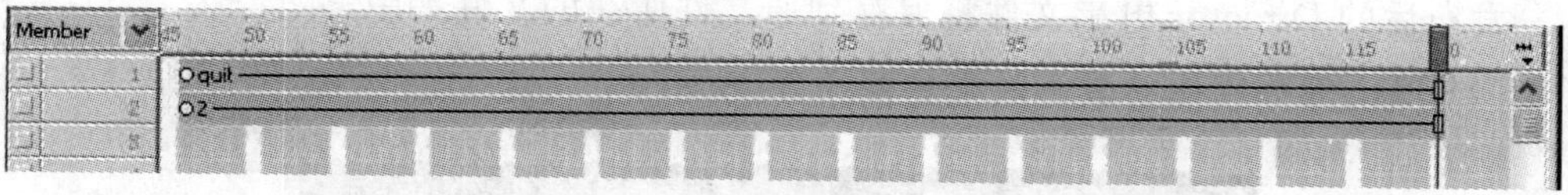

图 4.56　延长文本精灵的长度

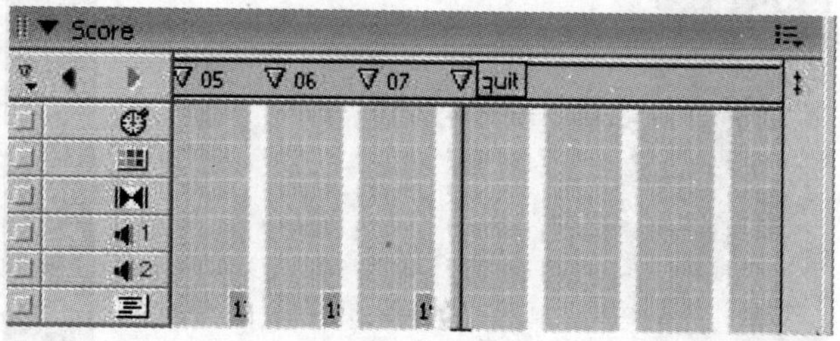

图 4.57　创建标记 quit

话框，在 Files 选项卡中选中 Include linked cast files、Exclude all xtras、Compress files (Shockwave format)和 Copy linked and dependent files 复选框，如图 4.58 所示。把演员表中的演员以及 xtras 打包发布，并压缩部分文件，设置好后，单击 Publish 按钮发布。

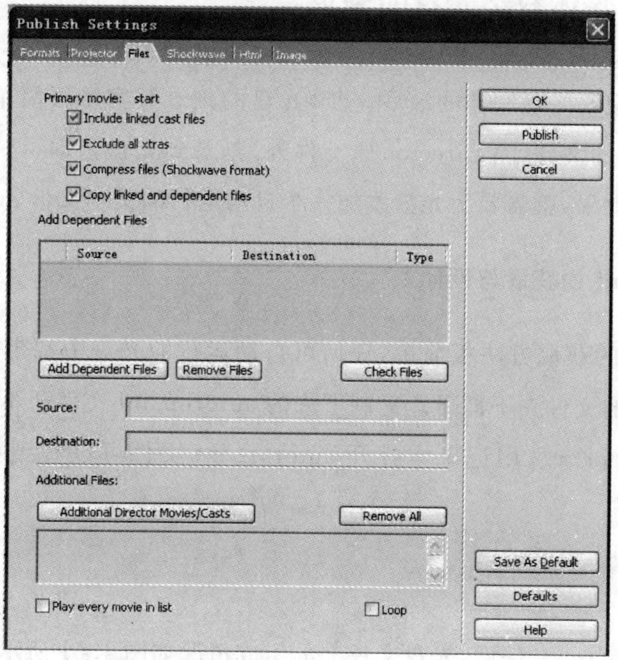

图 4.58　设置发布面板中 Files 选项卡

发布后的 Director 电影文件将保存到原文件所在的文件夹中。

(9) 退出部分制作的最终效果如图 4.59 所示。

图 4.59　退出部分的最终效果

4.4.6　多媒体教学光盘的刻录

作为多媒体交互光盘制作的最后一步，光盘的刻录其实是很简单的。使用刻录软件，把光盘文件夹的文件(除 Director 原文件外)刻录到光盘上即可。但考虑到需要有光盘自动运行的效果，就需要为光盘添加一个自动运行的文本文件 autorun. inf。

1. autorun. inf 的获取与设计

autorun. inf 的获取方法很简单，任何可自动运行的光盘中都带有该文件，只需要复制一份到自己的文件夹下即可。复制下来的 autorun. inf 文件还不能发挥其功能，需要对它的参数进行修改，用记事本打开 autorun. inf 文件可以看到如图 4.60 所示的命令。

2. 保存文件

添加 autorun. inf 文件后，光盘文件夹的组成情况如图 4.61 所示。

图 4.60 autorun.inf 文件的内容

图 4.61 添加 autorun.inf 文件后光盘文件夹的组成

3. 刻录光盘

接下来就可以使用刻录软件将光盘文件夹中的内容刻录到光盘中。本实例使用 Nero 刻录软件进行刻录，刻录时需要注意以下两点：

(1) 选择刻录数据光盘(DVD 或 CD)；

(2) 把光盘文件夹中除 Director 原文件以外的所有文件拖放到刻录窗口中。

4.5 多媒体教学光盘的评价

评价多媒体教学光盘不是一件简单的事情，光盘上的许多内容都不是一目了然的，只有当使用者按照一定的顺序演示时才能看到这些内容。此外，还要考虑诸多的因素，如屏幕设计、用户界面友好性和互动性等等。对多媒体教学光盘的评价可以从以下几个方面来进行：

(1) 光盘是否容易启动；

(2) 屏幕布局是否清晰并易于解读；

(3) 光盘是否易于操作；

(4) 帮助操作的图标是否清晰，易于理解；

(5) 学习者能否清楚自己在学习中学到了什么程度；

(6) 光盘含有的视频片段是否清晰；

(7) 背景音乐是否影响光盘的教学效果，光盘中的声音是否悦耳。

在制作多媒体教学光盘的过程中，制作者要根据教学光盘的评价标准来严格要求自己，力求所做的多媒体教学光盘在视觉上、教学效果上都能使学习者感到满意。

4.6 项目进一步延伸和拓展

《Director 11 多媒体开发》多媒体教学光盘基本操作完成了，通过这个光盘可以了解 Director 11 软件的基本功能，结合案例的学习能够做出基本的 Director 作品。同学们可以在此基础上做进一步的修改，比如制作"跟练"按钮，在观看视频的同时跟着来实际操作一次；还可以改用 Lingo 语句来实现视频控制按钮，这些功能和操作都有待同学们在以后的制作中补充完善和修改。

通过本章的学习，已经基本了解了如何运用 Director 软件制作多媒体教学光盘，在熟练运用该软件后，同学们可以根据需要自己选定主题，制作所需要的教学光盘。

第5章

演示报告的设计与制作

本章提要

- 演示报告设计与制作的基本要求
- 演示报告的设计
- 演示报告的制作

本章重点

本章主要介绍演示报告的应用背景和制作过程。重点讲解演示报告的制作过程，其中包括素材的收集、母版的制作、标题页的制作等内容。通过学习本章的内容，使读者可以独立制作一个演示报告。

5.1 项目背景及要求说明

5.1.1 演示报告的应用背景

进入 20 世纪 90 年代，随着信息技术的兴起和飞速发展，集“文字、图形、图像、声音、动画和影片”为一体的多媒体成为令人瞩目的一种多功能信息传播形式。特别是个人计算机的普及和大屏幕投影的出现，使采用计算机投影演示迅速成为演示的一种新时尚和主流形式，被广泛地应用于社会各个领域。这种基于计算机技术的新颖演示方式，在国外常被称为“电子演示”(Electronic Presentation)，国内则更多地被称为多媒体演示。在众多多媒体演示软件中应当首推美国微软公司的 Office 系统套装软件 PowerPoint。PowerPoint 是优秀的幻灯片制作和演示软件，掌握比较容易，适用性强，能根据不同的用户开发不同的演示文稿。它可以帮助用户组织演示文稿，清晰地表达用户的思路；可以通过多媒体信息使文稿图文并茂、色彩丰富、生动形象并具有强大的表现力和感染力。而在现实生活中，经常要在各种场合做报告、做演讲或者向别人汇报自己的成果、介绍自己的想法，这样，利用 PowerPoint 来制作一份演示报告就显得非常必要了。

5.1.2 演示报告设计与制作的基本要求

PowerPoint 是目前最常用的演示设计工具，由于 PowerPoint 的功能强大而又简单易学，所以很多人都以 PowerPoint 为工具制作演示课件。PowerPoint 具有丰富的动画、过渡效果和多种声音效果，并有强大的超级链接功能，可以直接调用外部文件，能够满足一般的学习要求。如今，PowerPoint 是进行多媒体演示制作的最常用工具。

要制作一个好的演示报告，除了要熟练掌握 PowerPoint 工具软件的使用外，还要掌握演示报告的设计方面的知识。设计演示报告最重要的一点就是要简洁、醒目，同时要把问题讲清楚。一般标题文字则要比较大才能醒目，正文文字一般也不能太小，要使观众能看清楚。为了使演示报告形象生动，还要充分利用图形、图像、声音、动画和视频等媒体元素，背景图案要简洁朴素，可以通过加强色彩的对比度使演示内容更加醒目。另外，一般不要在演示报告的一张幻灯片上放置太多的内容，在幻灯片上应该留有一定的空白。

5.2 需求分析

由于演示报告和演示课件的制作是相类似的，下面就以设计和制作一份“实习汇报”演示报告为例，来讲解如何设计、制作一份演示报告。

大学生一般都会经历教学实习或专业实习的学习阶段，实习是将所学的理论知识与实践进行结合的一种重要途径，也是大学生在走向工作岗位之前的一次实践锻炼，在实习完成后一般都会举行实习汇报会，大家可以交流各自的实习工作和经验体会，为了全面反映实习中各个方面的工作，设计和制作一份“实习汇报”演示报告非常有必要，通过演示报告把实习的过程、成果和心得等进行全面的演示和交流。

小提示：需求分析这一步非常重要，只有明白自己需要做什么，才能把后面的工作做好，避免“二次开发”。

5.3 系统设计

5.3.1 总体结构设计

像课件一般都会有一个标题页一样，一份“实习汇报”演示报告也应该有一个标题页，在这个标题页里，要写上标题“实习报告”，然后还要在标题页里面呈现出实习的地点、小组的成员、指导老师等信息。

课件的标题页之后一般是课件的主界面，演示报告的标题页之后也应该设计一个导航页面，就是要告诉大家演示报告主要从哪几个部分进行汇报，每一部分的标题是什么，大概会介绍什么内容等信息，这样做思路清晰，观众容易理解和接受。这部分内容是整个演示报告设计的主体内容，也是需要进行重点设计的内容。在本“实习汇报”中，把主体内容分成“先睹为快”、“走近实战”、“小叙师恩”、“浅谈收获”等几个方面来进行汇报。

结尾页是整个实习报告的最后一页，作为实习报告的最后一部分内容一般只需要显示一些“致谢”等信息即可。

“实习汇报”演示报告的总体结构设计如图 5.1 所示。

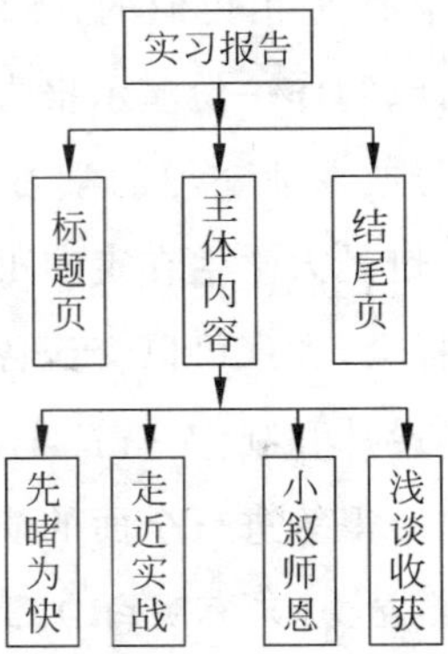

图 5.1 实习报告总体结构设计

5.3.2 幻灯片版式设计

版式是定义幻灯片上待显示内容的位置信息。版式包含占位符，占位符可以容纳文字(如：标题和项目符号列表)和幻灯片内容(如：SmartArt 图形、表格、图表、图片、形状和剪贴画)。在 PowerPoint 中，常见的版式有标题幻灯片、标题和内容、节标题、两栏内容、仅标题、空白、比较、内容与标题、图片与标题等。根据前面的设计，标题页可以使用如图 5.2 所示的“标题幻灯片”版式。对于主体内容，我们用到的大部分版式是“标题和内容”版式，如图 5.3 所示。有时还会要用到如图 5.4 所示的“空白”版式，这种版式可以让设计者更加灵活地进行版面布局。

图 5.2 “标题幻灯片”版式

图 5.3 “标题和内容”版式

图 5.4 “空白”版式

小提示：这里只是列出了几个常用的版式，读者可在具体的设计过程中根据实际需要来选择不同的版式。

5.3.3 幻灯片美化设计

版式确定了之后，就可以对幻灯片进行美化设计了。所谓幻灯片美化设计，就是使幻灯片看起来更漂亮、美观。首先，可以设计适合演示报告主体的幻灯片背景。当然，比较方便的方式就是直接套用幻灯片现成的模板。所谓模板，就是已定义的幻灯片样式，包括有预定义的格式和配色方案。在 PowerPoint 中已经提供了大量的幻灯片模板，在制作演示报告时可以直接套用，而且，在网上还有很多免费的非常漂亮的幻灯片模板，可以直接下载使用，这样就可以更加方便快捷地达到美化幻灯片的目的。在下面制作实习报告的时候，就是直接利用了模板来进行制作。

5.3.4 母版设计

幻灯片母版用于设置幻灯片的样式，它存储有关演示文稿的主题和幻灯片版式的所有信息，包括背景、颜色、字体、效果、占位符大小和位置等。使用幻灯片母版的主要好处是可以对演示文稿中的每张幻灯片进行统一的样式更改，包括对以后添加到演示文稿中的幻灯片的样式更改。当演示文稿包括大量幻灯片时，幻灯片母版尤其有用。

5.4 演示报告的制作

5.4.1 媒体素材的收集

由于这个项目是要做一个实习报告，那么就需要我们注意在实习过程中把所有的媒体素材收集好，如实习工作时候的照片、视频等。另外，Microsoft Office 2007 已经提供了很多有用的素材，在 Microsoft PowerPoint 2007 中，选择功能区中的“插入”选项卡，单击“插图”功能组中的“剪贴画”按钮，打开“剪贴画”任务窗格，如图 5.5 所示。

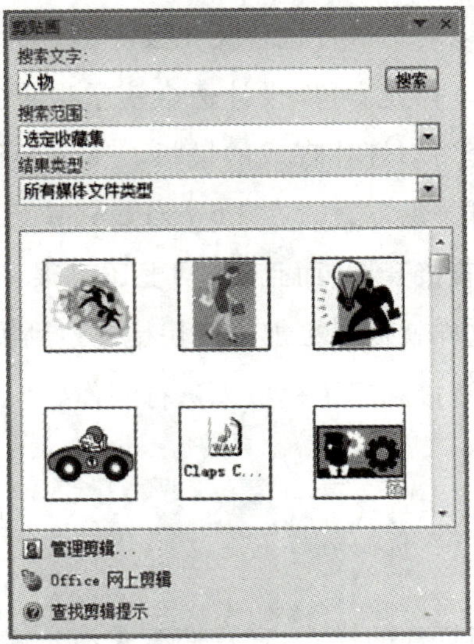

图 5.5 PowerPoint 2007 中的剪贴画

可以在“搜索文字”文本框中输入关键字，在“搜索范围”下拉列表中选择搜索的范围，然后单击“搜索”按钮，搜索到的素材便出现在该任务窗格列表中了。

另一种收集素材的方法是利用其他 Microsoft Office 应用程序中的素材，比如利用 Microsoft Visio 2007 中的素材。方法就是在 Microsoft Visio 2007 中打开形状任务窗格，并从中选择希望放置在演示文档中的形状元素，然后将该形状拖放到 PowerPoint

演示文档中，如图 5.6 所示。

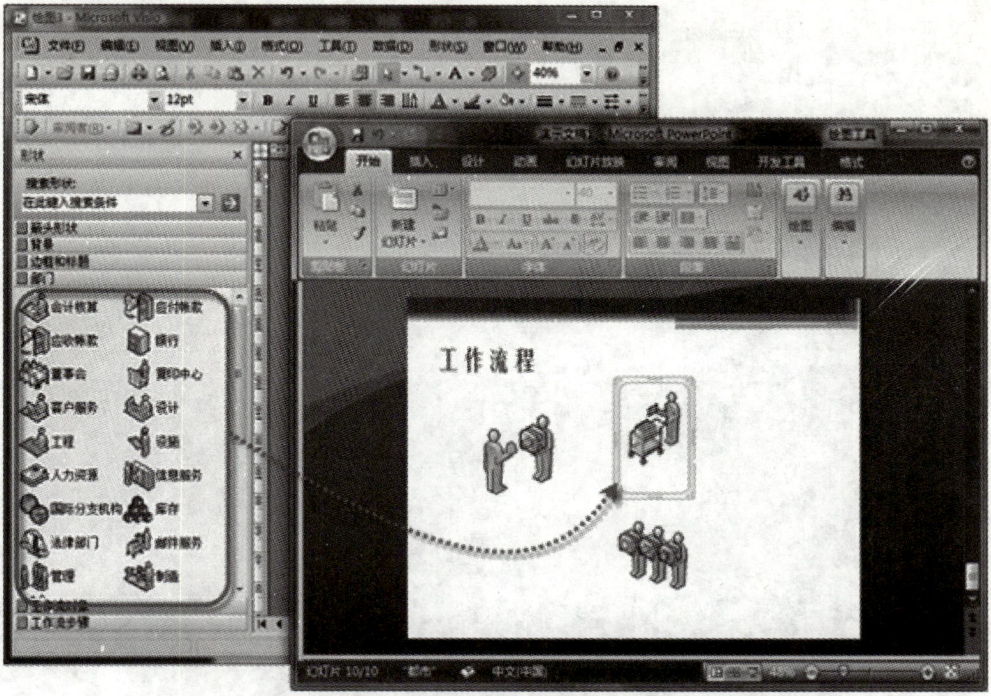

图 5.6　使用 Microsoft Visio 2007 中的形状元素

5.4.2　母版的制作

母版适用于定义演示报告中所有幻灯片或页面格式的幻灯片视图或页面。利用母版可以快速地定义幻灯片的格式。在制作母版页之前，先要新建一个新的空白演示文稿。下面就来制作幻灯片的母版。具体步骤如下：

(1) 打开 Microsoft PowerPoint 2007，单击“视图”选项卡，选择“幻灯片母版”，如图 5.7 所示。

(2) 在“幻灯片母版”视图中选中第二张母版，插入已经准备好的背景素材 Logo，如图 5.8 所示。

(3) 标题页设计好之后，其他的不需修改，使用默认的就可以。

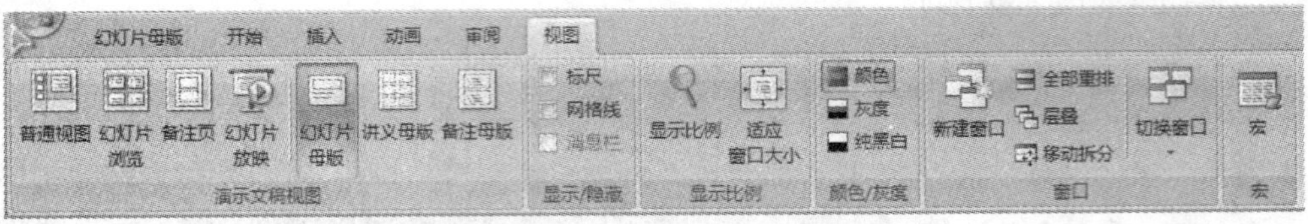

图 5.7 “幻灯片母版”选项卡

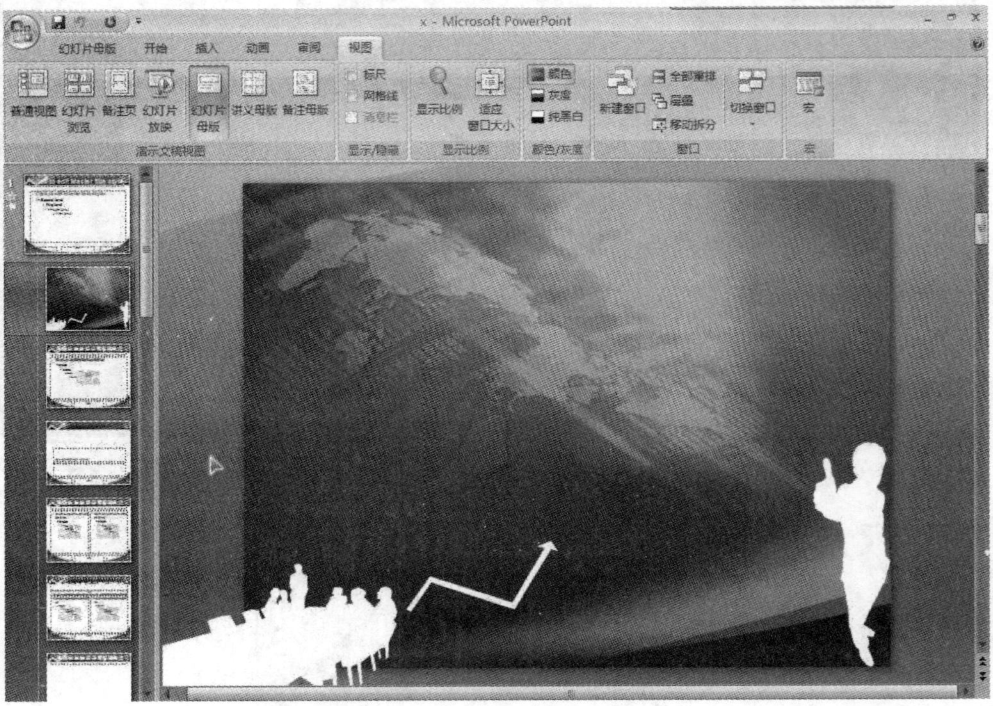

图 5.8 幻灯片母版

(4) 最后,选择“关闭母版视图”命令,返回幻灯片编辑页面。

5.4.3 标题页的制作

幻灯片的第一页一般是标题页。制作标题一定要醒目,这样可以给人留下深刻的印象。采用“艺术字”来设计标题具体制作步骤如下:

(1) 选择“插入”→“艺术字”命令,如图 5.9 所示。

图 5.9　插入“艺术字”

(2) 在下拉列表框中选择想要的风格，这样就会在页面中出现一个文本框，输入标题“实习报告”即可，应用同样的方法输入指导老师、小组成员等信息，最后的效果如图 5.10 所示。

小提示：如果对系统提供的样式不满意的话，可以通过“格式”选项卡下的“形状填充”、“形状效果”、“形状轮廓”来设置。

5.4.4　主体内容的制作

1. 导航页的制作

标题制作完毕之后，就需要制作“导航页”了。先来看一下效果图，如图 5.11 所示。制作导航页的具体步骤如下：

图 5.10　最后的效果图

图 5.11　导航页的效果图

(1) 在左侧的空白地方右击，选择“新建幻灯片”命令，如图 5.12 所示。

(2) 新建了一张幻灯片。在标题框处输入本页标题“导航页”。同时删除内容框的占位符，如图 5.13 所示。

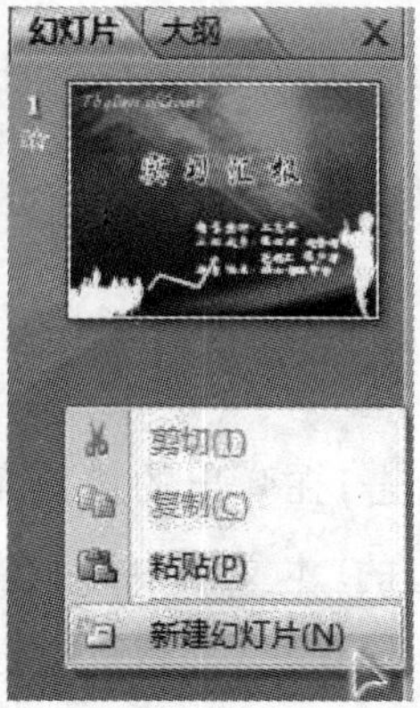

图 5.12 新建幻灯片

图 5.13 输入标题和删除内容框占位符

(3) 选择“插入”选项卡,然后选择“横排文本框”命令,如图 5.14 所示。然后在幻灯片合适位置按住鼠标左键拖曳画出一个文本框,输入内容“先睹为快”,并把字体加粗,改为“华文新魏”,字号改为 36,如图 5.15 所示。

图 5.14 横排文本框

图 5.15 横排文本框

(4) 再用上面同样的方法,插入一个横排文本框,输入内容“1”。并把字体加粗,改为 Arial Rounded MT Bold,字号改为 36,如图 5.16 所示。

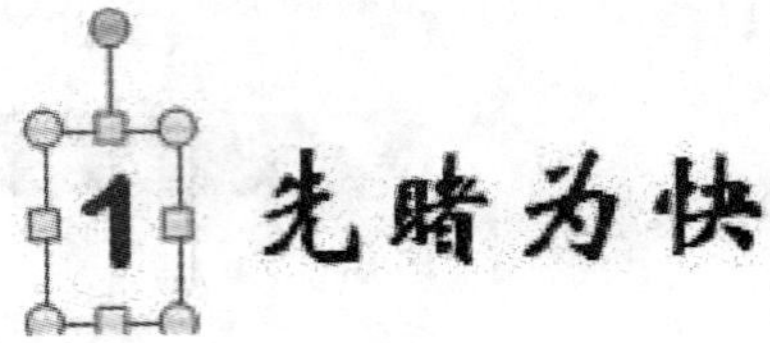

图 5.16　横排文本框

(5) 为文字加上超链接,实现导航的功能。选中文字右击,在弹出的快捷菜单中选择“超链接”。然后在弹出的“插入超链接”窗口中,选择左边的“本文档中的位置”命令。最后,在右边的树形结构中选择对应的幻灯片即可,如图 5.17 所示。

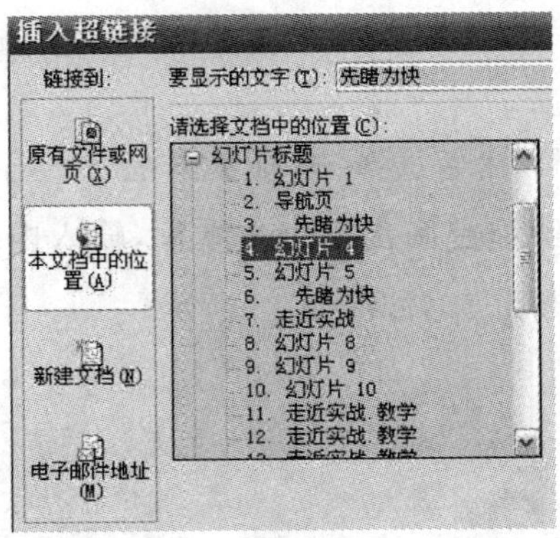

图 5.17　选择对应的幻灯片

注意:这一步需要在所有的幻灯片制作完毕后再来进行。

(6) 美化标题。插入已经在网上下载的素材,拖放到文本框上并调整好位置。此时由于这些素材覆盖了标题,导致标题看不见了,需要把这些素材移动到底层(方法是右击素材,选择“置于底层”即可),最终的效果图如图 5.18 所示。

图 5.18　标题 1 的制作效果图

其他三个标题的制作方法和标题 1 的制作方法是一样的,这里不再详细介绍。

2. “先睹为快”模块的制作

导航页制作完成之后，就需要制作具体的详细内容了。先来设计主体内容的“先睹为快”模块。这个模块只有简单的三个页面，第一张就是简单的实习学校介绍，第二张是实习小组成员的图片切换，第三张是实习计划的动态内容呈现。

(1) “实习学校介绍”幻灯片的制作

这一页幻灯片的制作只是把内容直接输入到幻灯片的占位符之中，这里不再介绍其制作过程，“实习学校介绍”页的制作效果如图 5.19 所示。

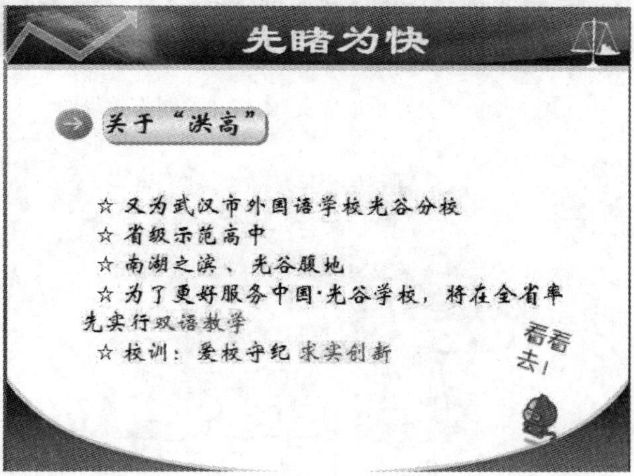

图 5.19　“实习学校介绍”幻灯片的制作效果图

(2) “实习小组成员”幻灯片的制作

这张幻灯片实现的效果是当切换幻灯片的时候，先显示一张图，单击之后，在当前页再显示另一张图片。具体步骤如下：

① 新建一张幻灯片。

② 选择“插入”→“图片”命令，在弹出的对话框中选择要插入的第 1 张图片。

③ 再次插入第二张图片，如图 5.20 所示。

④ 选中第二张图片，选择“动画”选项卡，在其下方选择的“动画”栏处单击下拉列表框，选择动画效果“飞入”，如图 5.21 所示。

图 5.20 “实习小组成员”幻灯片的制作效果图

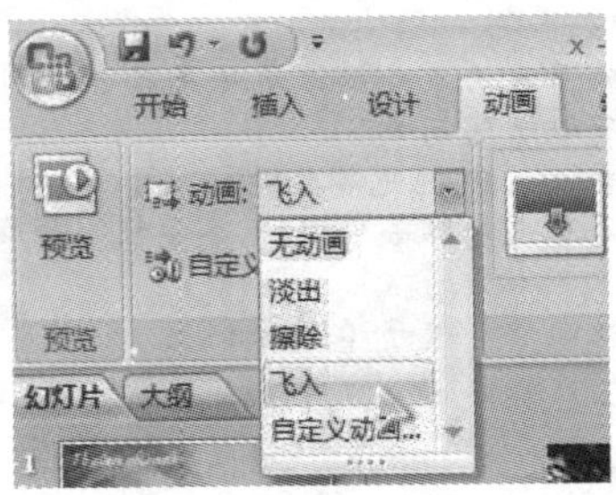

图 5.21 添加动画效果

小提示：在设计过程中，如果素材不合适的话，可以用专门的软件进行修改，比如，可以利用 Photoshop 软件对图片进行处理。

(3)“实习计划”幻灯片的制作

“实习计划”幻灯片的内容是动态呈现的。内容的动态呈现方式主要是指幻灯片的内容是逐步呈现的，这一部分的制作主要是应用了“自定义动画”。具体步骤如下：

① 新建一张版式为“标题和表格”的幻灯片。

② 在标题占位符中输入标题，然后插入素材，如图 5.22 所示。

③ 单击中间的表格图标，在弹出的对话框中输入行数为 7，列数为 3，在生成的表格中输入内容，如图 5.23 所示。

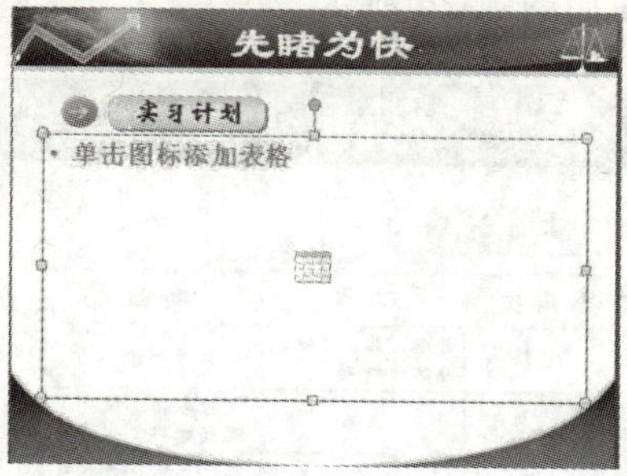

图 5.22　插入标题和素材

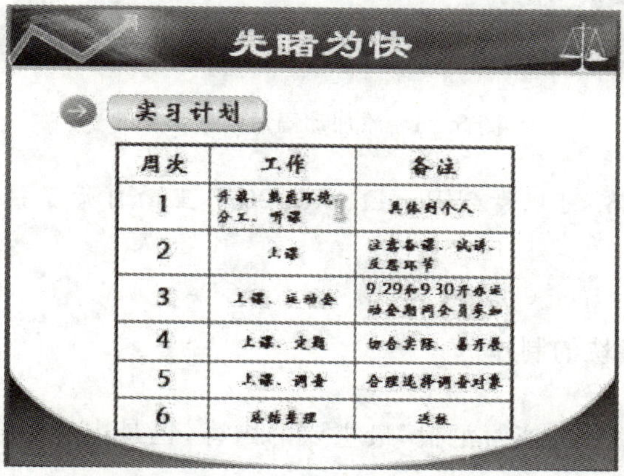

图 5.23　“实习计划”幻灯片的制作效果图

④ 选择整个“表格”，在“自定义动画”栏选择“添加效果”→“进入”→“菱形”命令，如图 5.24 所示。

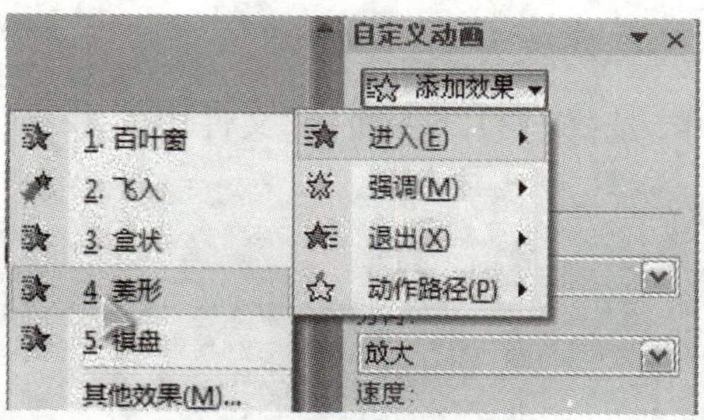

图 5.24　添加动画效果

⑤ 添加动画后的效果图如图 5.25 所示。

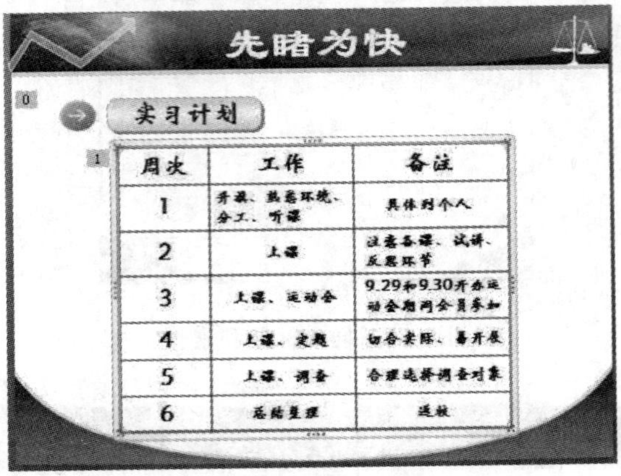

图 5.25 添加动画后的效果图

小提示：双击表格，可以看到 PowerPoint 2007 里面自带了很多表格样式，可以根据需要自行选择。

3. "走近实战"模块的制作

这一个模块包含整个"实习汇报"最主要的内容，也是内容最多的模块。由于篇幅有限，就不介绍这个模块中所有幻灯片的制作过程，只挑选几个最具有代表性的幻灯片制作，其他的幻灯片大家可以依据需要自行制作。

(1) 在幻灯片中插入"影片"

在幻灯片中插入"影片"的制作步骤如下：

① 新建一张幻灯片，将标题改为"走近实战"。

② 单击"插入"选项卡，选择"影片"下面的"文件中的影片"命令，如图 5.26 所示。

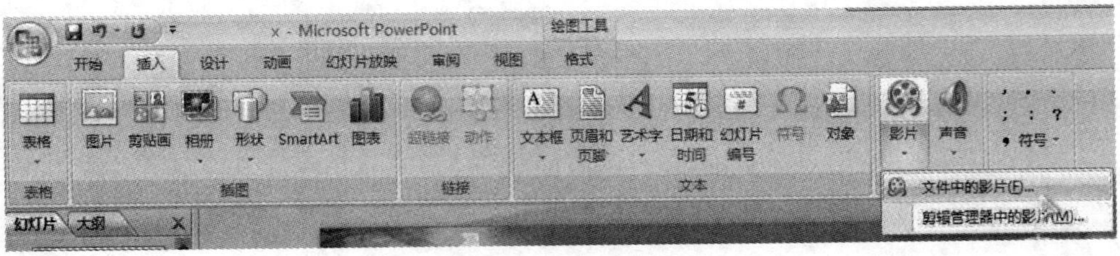

图 5.26 插入影片

③ 在打开的"插入影片"对话框中选择要插入的影片，单击"确定"按钮。弹出一个如图 5.27 所示的对话框。

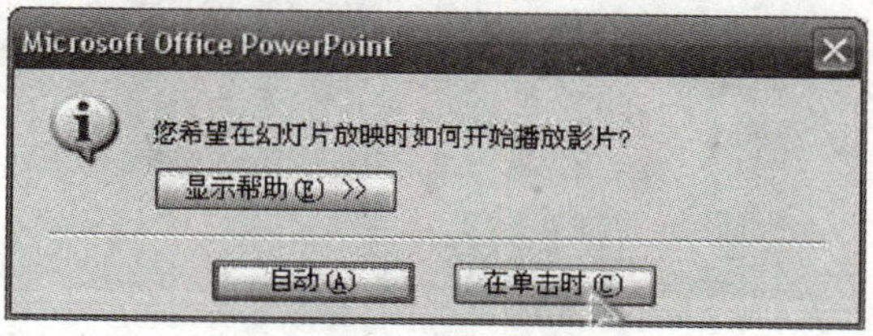

图 5.27　播放影片的方式对话框

④ 在播放影片的方式对话框中，提示选择影片插入的方式，一种是"自动"，就是演示这张幻灯片的时候，自动开始播放影片；另一种是"在单击时"，就是演示这个幻灯片的时候，并不是直接开始播放影片，而是通过单击之后才开始。这里单击"在单击时"按钮。可以更改影片的大小和各种属性，如图 5.28 所示。

图 5.28　幻灯片中播放影片

(2) 在幻灯片插入"SmartArt 图形"

实习报告在制作过程中要用到图表来说明，在 Microsoft PowerPoint 2007 中提供了 SmartArt 图形，它可以使我们制作出精美的文档图表对象。SmartArt 用于在文档中演示流程、层次结构、循环关系等。SmartArt 图形包括水平列表和垂直列表、组织结构图以及射线图与维恩图。在幻灯片插入"影片"的制作步骤如下：

① 选择“插入”→SmartArt 命令，如图 5.29 所示。

图 5.29　SmartArt 图形

② 在弹出的对话框中，选择“分段循环”选项，如图 5.30 所示。

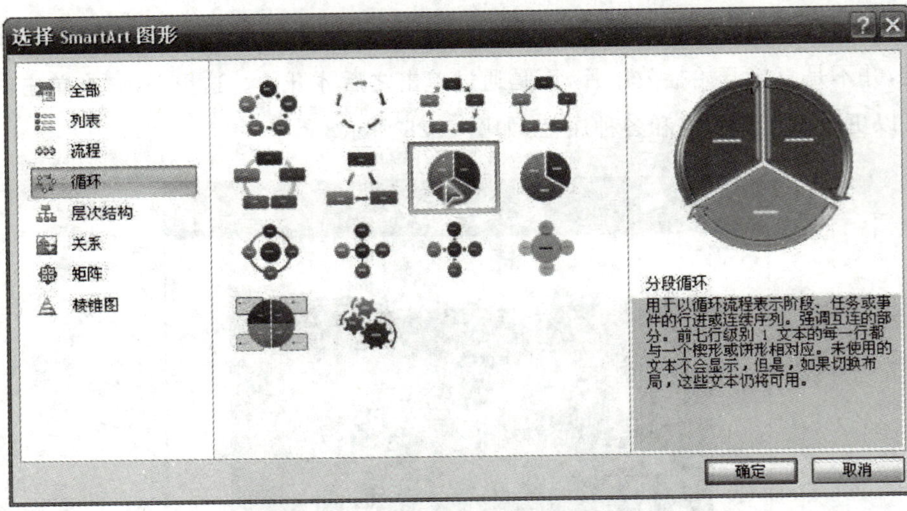

图 5.30　分段循环图

③ 此时会在幻灯片中插入一个分段循环图，可以直接在文本框中输入文字，默认只有三个文本框，如果要添加更多的文本框，可以选择“设计”→“添加形状”→“在后面添加形状”命令即可。最终的效果如图 5.31 所示。

④ 如果要更新图形的显示效果，可以双击这个图，PowerPoint 会自动打开“设计”选项卡，此时，可以根据自己的需要来更改图形的布局或者样式，如图 5.32 所示。

小提示：如果用 SmartArt 画出来的图形不合适的话，可以双击 SmartArt 图形，在选项卡的最左边对 SmartArt 图形进行添加和删除。

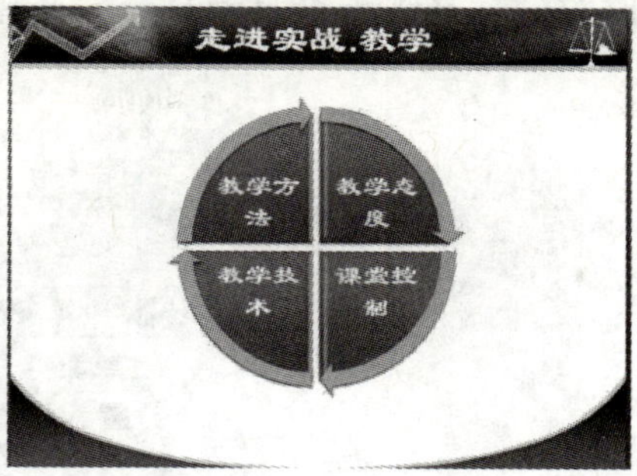

图 5.31 插入“SmartArt 图形”的效果图

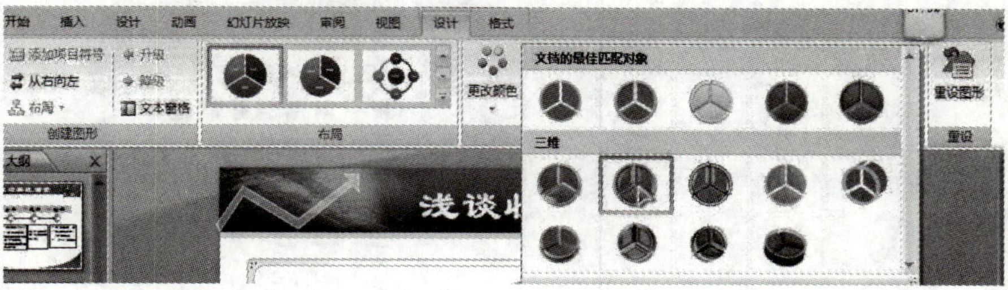

图 5.32 更改效果

4. “小叙师恩”模块的制作

“小叙师恩”模块的制作步骤如下：

(1) 新建一张幻灯片，将标题改为“小叙师恩”。

(2) 选择“插入”→“形状”→“椭圆”命令，如图 5.33 所示。按住 Shift 键，在幻灯片中拖放出一个大小合适的圆，如图 5.34 所示。

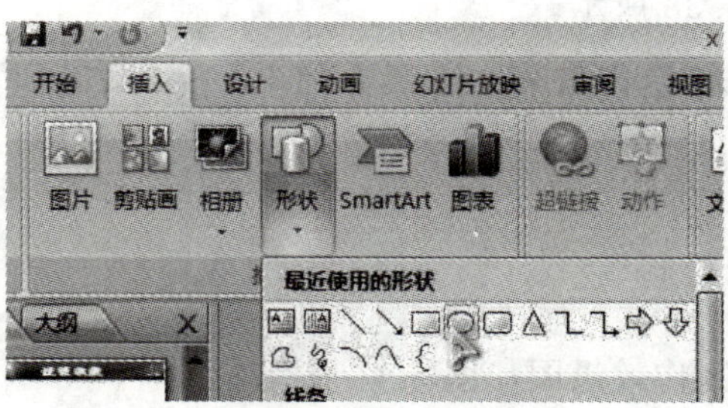

图 5.33 画圆

(3) 双击这个图形，此时“格式”选项卡会自动打开。选择“形状填充”→“浅绿”命令，如图 5.35 所示。

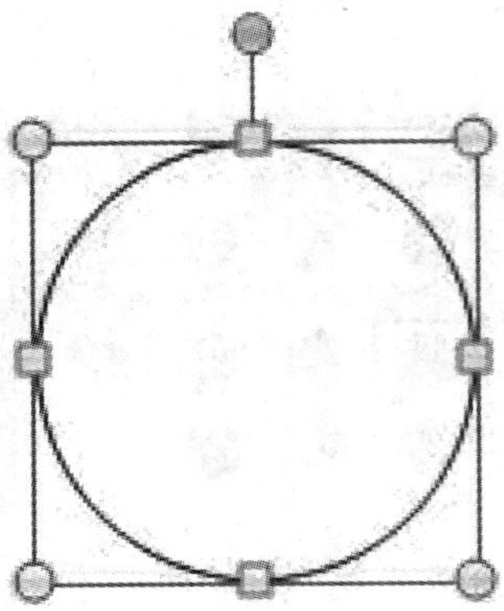

图 5.34　画圆

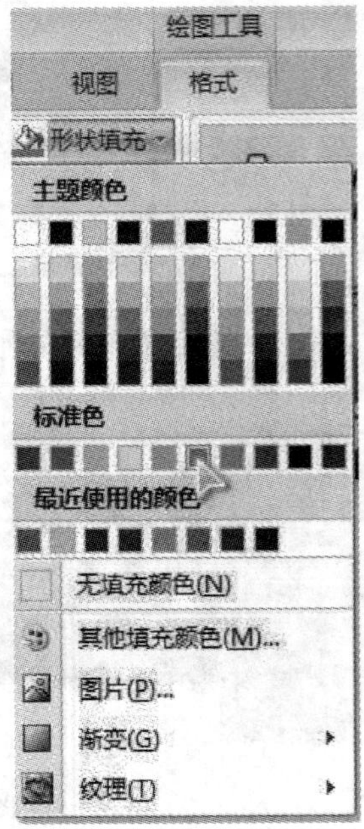

图 5.35　形状填充

(4) 在图 5.35 中选择“形状填充”→“渐变”命令，选择一种渐变色，如图 5.36 所示。最终的效果如图 5.37 所示。

(5) 右击这个图形，选择“置于底层”。

(6) 选择“插入”→“文本框”→“横排文本框”命令，在圆中拖放出合适的大小，并输入文字“王老师”，如图 5.38 所示。

(7) 使用同样的方法，制作出另一个圆并加上文字“黄老师”，然后输入正文，最终的制作效果如图 5.39 所示。

5. “浅谈收获”模块的制作

“浅谈收获”模块的制作效果图如图 5.40 所示。

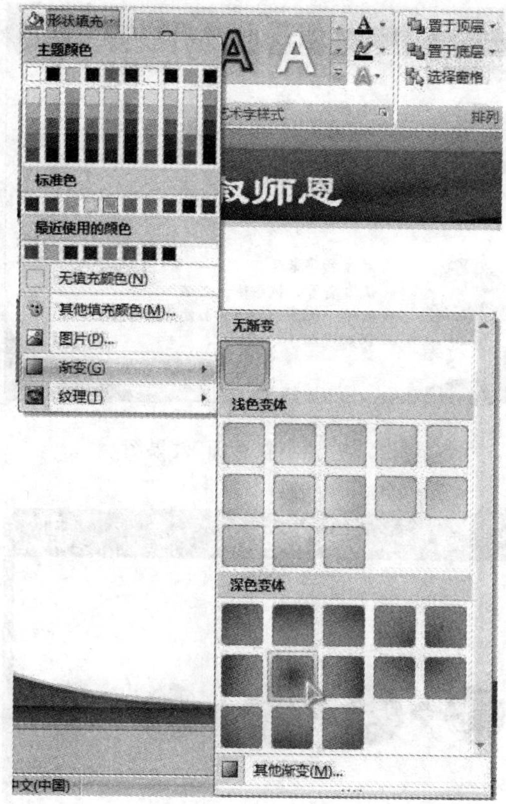

图 5.36　渐变色

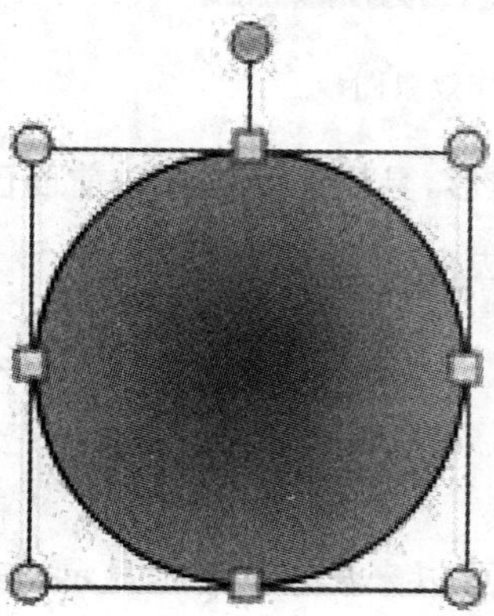

图 5.37　圆的效果图

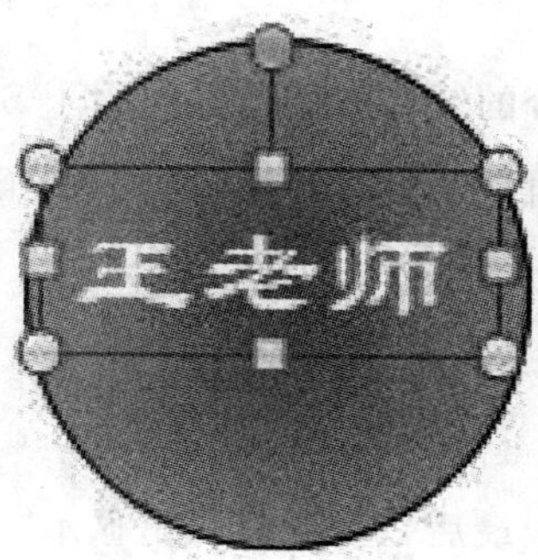

图 5.38　输入文字

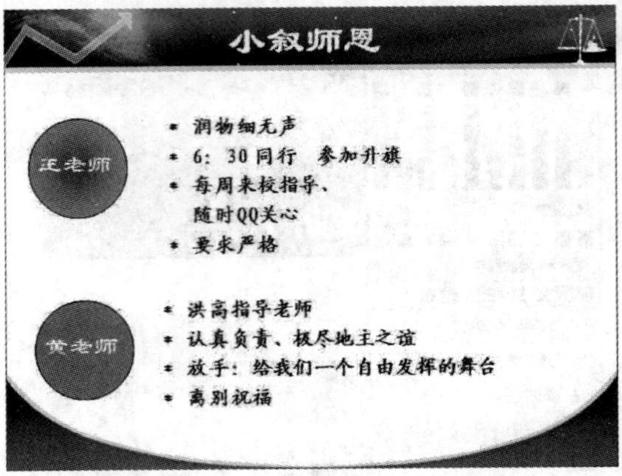

图 5.39 “小叙恩师”效果图

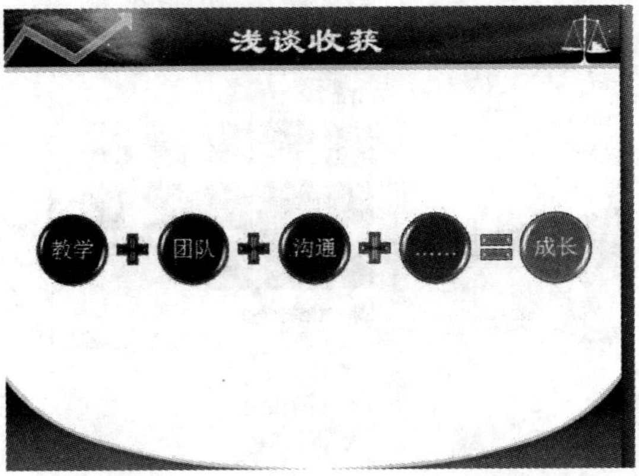

图 5.40 “浅谈收获”制作效果图

这一部分的制作方法也是使用了 SmartArt 图形，具体的使用方法前面已经介绍过了，这里就不再叙述了，请读者自行按照前面的方法来完成这一部分。

5.4.5 结尾的制作

实习汇报最后一张幻灯片是显示“The End”，可以来让它动态地显示出来。

(1) 先新建一张幻灯片，然后插入一个文本框，输入内容“The End”，如图 5.41 所示。

图 5.41　结尾文字的制作

(2) 选择“动画”选项卡上面的“自定义动画”命令，在打开的“自定义动画”中选择“添加效果”→“进入”→“盒状”命令。在右侧的“自定义动画”中右击，选择“效果选项”命令，如图 5.42 所示。

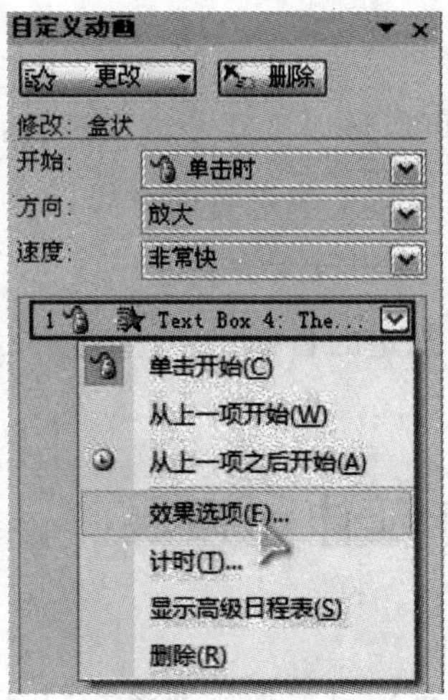

图 5.42　更改动画属性

(3) 在打开的“盒状”对话框“效果”选项卡上，将“动画文本”项选为“按字母”。并将下面的“字母之间延迟”改为“60%”，如图 5.43 所示。

(4) 单击“确定”按钮。这样，演示报告的结尾就制作好了。

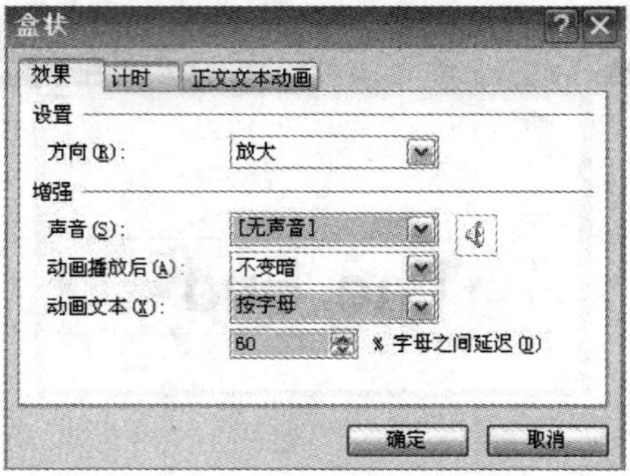

图 5.43 更改"效果"选项的属性

小提示：这里只是介绍了一种动画方式，读者可自行根据提示选择不同的动画方式。

5.5 演示报告的评价

一般对演示报告的评价，可以从以下几个方面进行：

(1) 演示报告是否完整地表达了演讲者的意思；

(2) 演示报告是否简洁明了，设计大方；

(3) 演示报告是否达到了既定的目标。

5.6 项目进一步延伸和拓展

由于限于篇幅，本章没有对实习汇报中所有幻灯片的制作过程进行全面的介绍。读者可以根据前面的介绍，把所有幻灯片都制作出来，以便加深对演示报告制作过程的理解。同时，读者可以自行进行演示报告的设计与制作，尽情发挥自己的创作才能！

第 6 章

利用编程工具开发多媒体课件

本章提要

本章主要阐述利用编程工具开发多媒体课件的思路与过程，并对如何运用 VB 软件来制作多媒体课件进行了比较具体的介绍。完成本章的学习后，学习者能够运用 VB 软件进行多媒体课件的开发，制作过程中能体现出 VB 语言开发课件的特色。

本章重点

- 利用编程工具开发多媒体课件的特点
- 掌握课件的分析与设计过程
- 运用 VB 软件实现多媒体课件的方法

6.1 项目背景及要求说明

6.1.1 基于VB开发多媒体课件的应用背景

也许有人会问用编程工具来开发多媒体课件，有必要吗？回答当然是肯定的！首先，虽然用集成创作工具来开发多媒体课件方便简单，但大都只注重共性方面的应用，对于个人有特殊要求或特殊控制的课件，却难以实现，还得靠自己“量身定做”；其次，用编程语言制作课件体积小，灵活且交互性、控制性好，与其他课件制作工具相比有极大的优越性；再次，也许提到“编程”就会以为，那只能是专业人士才能完成，确实要完全掌握一种高级语言不是一件容易的事，但自从Visual Basic(VB)、Visual C++和Delphi等可视化、面向对象的编程工具面世以来，像普通老师等“非专业人士”也可以用编程工具来制作自己的课件。只要运用恰当，同样也会能做到得心应手，应用自如。

6.1.2 基于VB的多媒体课件设计与制作的基本要求

本项目要求学生能根据自己的专业选择一个课题，在做好教学设计的基础上，运用一种编程工具如VB制作一个完整的课件，从而掌握运用编程工具来制作课件的技巧。

下面以高中物理《波的干涉》为例，说明如何利用编程工具开发多媒体课件。

6.2 需求分析

《波的干涉》是高中物理第二册第十章第六节的内容，波的干涉和波的衍射是波动所特有的现象。对于干涉和衍射现象的学习能加深对波动本质的认识，也为后面光的本性的学习打下基础。所以这节课有承上启下的作用，在教学中占有举足轻重的作用。

波的干涉是波的一种特殊的叠加现象，所以对波的叠加现象的理解又是认识波的干涉现象的基础。所做的课件资源是为了更好地辅助教学，从整体上提高课堂教学效果。

6.3 系统设计

6.3.1 系统总体概述

由于干涉现象比较抽象，对它的理解，需要一定的空间想象力，本项目借助图片、动画等模拟干涉过程，尽可能使学生能形象、直观地理解干涉现象，从而理解其本质。

本课件采用 VB 6.0 开发，适合《高中物理》的模拟实验和课堂教学，在课件中主要通过滚动条控件交互调整数据，从而深刻理解干涉产生的条件和波形图。课件界面设计简洁，可控性强，操作方便。

6.3.2 设计思路及特色

整体系统的设计思路如下：

(1) 波的干涉所表现的是介质中的质点同时参与两个波源传递来的波动，需两个波源，这可用 Pset 语句来完成。

(2) 为了表现波的传播过程及带动相关质点波动，需要动态演示波的传播过程，可用“延时＋循环”形成动画来完成。

(3) 为了便于从多角度观察，应当允许随时调整两波源的距离、各波的波长值、需显示的波传播的距离，这可用 Vscroll 滑块来取得。

(4) 为了便于观察波传到某处质点时处于“波峰”还是“波谷”，以便确定该质点是波动加强点还是波动减弱点，需对传播过程中的波峰和波谷用实线和虚线给以区分。

小技巧：用 Mod 运算来判断是实线还是虚线。同时，为了区分不同的波源激起的波，还需将两波源用不同颜色加以区分。如用红色表示波 1，蓝色表示波 2。

6.3.3 教学设计

名称：波的干涉　科目：物理　教学对象：高二　课时：1

1. 教学目标(融合知识与技能、过程与方法、情感态度价值观)

(1) 通过观察演示实验,认识波的干涉现象、知道频率相等是它产生的必要条件,感受物理世界的奇妙,认识自然现象的条件性,增强对物理现象的好奇心和对物理知识的憧憬;

(2) 通过对比分析知道干涉是波的特性之一;

(3) 通过教学媒体辅助,调动生活中的直观经验,了解一些生活中的干涉现象,感受物理学习与社会生活的辩证关系;

(4) 通过观察实际现象和演示实验,发现波传播的独立性原理,理解波的叠加原理,感悟直觉、思维、媒体的相互作用,既认识物理知识的客观性,又了解技术手段对发现和深化物理规律所起的积极作用。

(5) 通过对比分析知道独立性和叠加原理也是波的特性;

(6) 通过学生动手进行叠加、观察和思考,借助教学媒体辅助,初步理解干涉现象的产生原因,知道它是波在特殊条件下叠加的结果,体验科学实践的过程,进一步了解技术手段对发现和深化物理规律所起的积极作用,并感受人的思维魅力。

2. 学习者特征分析

(1) 学生是高二理科学生;

(2) 作为高二理科的学生,对自然现象好奇心强,对自然科学有较强的探究欲望;

(3) 学生有过较多的小组合作经验;

(4) 学生已经学过运动和力等矢量的合成与分解,以及振动和波的基础知识;

(5) 学生能够进行简单的图像分析计算;

(6) 学生在平常的学习和生活中已经接触到过少量的、较复杂的、不明显的干涉现象或类似干涉现象。

3. 教学策略选择与设计

(1) 情境激趣策略：通过演示实验(有部分学生参与操作)以及多媒体手段，调用生活中与教学内容相关的情景，激发学生的兴趣，调动学生的积极性；

(2) 问题目标引导探究策略：通过问题目标的驱动，引导学生思考并设计解决问题的思路、步骤和方法，使学习循序渐进、由浅入深，积极地参与到猜想、探究的学习中；

(3) 自主合作、实验探究式学习策略：建立小组讨论、交流、合作的课堂氛围，给学生创设适量的动手实践机会，引导学生自主进行实验探究，并在探究的过程中进行小组交流讨论，给予学生一定的自主性和创造发挥的空间。

4. 教学环境及资源准备

教学环境及资源准备如表6.1所示。

表6.1　教学环境及资源

知识点	学习目标	媒体类型	媒体内容要点	教学作用	使用方式	所得结论	时间
波的干涉现象	认识现象	演示实验录像及其加工	波动器上干涉现象、水波槽水面波干涉现象	在真实实验后，可用录像循环播放，适时添加提示标记，帮助学生抓住现象的特征	演示讨论启发总结	两列频率相同的波在介质中相遇，在介质中出现随时间稳定的、空间上互相间隔的振动强弱分布区，这种现象称为波的干涉现象	8
波的独立性和叠加原理	探究基本规律	演示实验录像及其加工	波动器上的两个波脉冲相遇	在真实实验后，可用录像循环播放，适时添加提示标记，帮助学生抓住现象的特征；添加各波单独存在的波形，将录像暂停，和叠加的实际波形比较，便于探究其中规律	演示讨论启发总结	任意两列机械波在介质中相遇时会互不干扰地相互穿越，重叠区介质质点实际振动位移等于两列波单独引起位移的矢量和	8

续表

知识点	学习目标	媒体类型	媒体内容要点	教学作用	使用方式	所得结论	时间
干涉现象的产生原因	理解现象的产生原因	电脑课件	频率相同和不同的两列直线波叠加结果及频率相同的两列平面波叠加结果	不同频率的两列波叠加，可用VB或几何画板生成实时动画，从而发现强弱分布会随时间改变。 相同频率的两列波叠加，在学生动手叠加后，可用电脑生成更多时刻的叠加结果，并逐步由静态过渡到动态，帮助学生建立静态和动态的联系，从而理解干涉现象的产生过程和原理	演示讨论启发总结	频率相同的两列波在介质中叠加就会使得介质中出现空间上互相间隔的振动强弱分布区，且该分布不随时间改变	10
生活中的干涉现象	辨认现象	电脑课件	相关生活现象的录像图片动画模拟	帮助学生回忆生活中的直觉体验，使模糊不清的记忆变为清晰的印象。模拟动画能让教师讲解的应用更加生动形象	演示讨论启发总结	生活中也有波的干涉现象，波的干涉原理在现实中可以主动应用	4

5. 教学过程

教学过程如表 6.2 所示。

表 6.2　教学过程

教师教学行为	学生活动	设计意图
引入新课：通过提问复习旧课：衍射。 教师说明衍射是一列波传播时发生的特有现象，如果两列波在介质中相遇则是这一节课我们要学习波的又一特性：干涉	复习答题	

续表

教师教学行为	学生活动	设计意图
一、认识波的干涉现象 1. 波动器直线上的干涉现象 先介绍波动器，并演示其产生的波。再使两边同步调振动让学生观察。通过提问明确实验现象，并指导学生观察时要整体和局部相结合、静态和动态相结合，要区分暂时现象和稳定的规律，要透过现象看本质。要了解现象发生的条件。 2. 发波槽水面上的干涉现象 介绍实验装置，引导学生猜想可能的实验现象。学生经过讨论、猜想，带着想象再观察实验现象，跟想象相比较。教师说明它和波动器上干涉现象的异同，引导学生观察其特别之处。由于振动频率较快，容易眼花，看不清细节，所以要用录像放大放慢仔细观察。再通过提问明确观察到的现象和特征。 总结波的干涉现象，两列同频率的波在同一介质中传播，两大特征，前提条件。	观察思考 讨论猜想 再观察 （循环）	干涉现象是一个较复杂的现象，要教给学生有条理、多角度，先表面、再本质的观察方法，并注意观察现象发生的条件。 条件是物理现象和规律的重要组成部分，干涉条件不应仅是理论分析的结果。 提供多种干涉的现象，有助于学生通过比较认清干涉的共性，加深感性认识。也体现了观察上的先简单、后复杂的过渡、引导。 水面干涉现象是通过书写投影仪屏幕上的明暗条纹来展现的，不太直观，而且频率的波速都较大，学生不易看清，更不好理解。有了观察直线上干涉的基础，再加上多媒体手段的辅助，能很好地突破这一难点。
二、波的叠加原理 提出问题：为什么会产生干涉现象？猜想：是因为它们相互作用使波本身的形状改变了吗？观察实验，指导学生观察时要抓住现象的特征。再用录像慢动作仔细观察，发现两波不仅互相穿越，并且波形不变。总结：波特有的独立性原理，强调波形不变。 再提出问题：既然两波相遇不会改变波形，那么为什么会产生干涉现象呢？分析：加强和减弱是介质质点的振动情况，提示波的本质，再分析：两列波传到了同一个点，这个点如何振动？学生猜想之后，再观察实验，用录像慢动作辅助观察。指导学生要动态和静态相结合，定性和定量相结合。从而总结出实际位移是两波位移的和。再发现问题：一个波峰和一个波谷重叠时位移还是和吗？猜想、实验验证、总结：还是和，位移是矢量，只需强调矢量和。	观察思考 讨论猜想 再观察 （循环）	本实验现象出现的时间极短，又是动态的，很难观察，更难定量分析。纯理论分析学生感觉抽象，印象不深。本课在真实实验的基础上利用实况录像的慢动作、定格技术，让学生看清楚，再利用电脑叠加上定量分析，使学生对规律的真实性不再存半点怀疑。

续表

<table>
<tr><th>教师教学行为</th><th>学生活动</th><th>设计意图</th></tr>
<tr><td>三、解释干涉现象
1. 一条直线上的两列波叠加
利用波的叠加原理能求出波重叠区中每个质点的实际位移，也就能进一步确定两列波重叠产生的实际波形。但两列波不停地传播，位移一直在变，只好先研究静态的简单现象。要反映介质振动的动态情况，需要连续几个时刻的静态图示综合比较。要求学生在玻璃纸上画出四个时刻的叠加波形，叠在一起。再用电脑画出更多时刻的波形。学生观察、解释其含义，电脑演示映证。总结振动最强和最弱的质点振幅与原来的两列波振幅的定量关系。
发现问题：两列波的叠加为什么使振动加强的点始终加强？振动减弱的点又为什么振动始终减弱？让学生动静结合观察。总结：振动减弱的质点，两列波引起的振动始终方向相反，始终互相削弱。振动加强的质点两列波引起的振动始终方向相同，始终互相加强。为什么始终……？为什么总是……？再思考、讨论、总结：稳定的根源就是频率相同，只有两列波的频率相同才会干涉。
如果频率不同的两列波在同一介质中叠加，介质质点的实际振动会怎样？讨论、猜想，电脑动画演示。总结：质点的振动会一会儿加强、一会儿减弱，不稳定，没有稳定的强弱分布，因而不会干涉。
2. 平面上两列波的叠加
出示动态模拟图。提示方法：从简单现象中总结规律，再用于复杂现象，找出平面上振动最强的点。
提示方法：理论分析和实验观察相对照。对照水波槽实验：振动加强区和减弱区成带状分布。猜想：将振动最强点和振动最弱点分别连成光滑曲线，所有线上的点振动都是最强和最弱的。分布符合实验，但从理论上分析，这合理吗？让模拟图动静结合，学生观察、验证。</td><td>“实验”
操作观察
思考讨论
猜想
再观察
（循环）</td><td>仍旧是先简单、后复杂。一条直线上先画出来。
学生可以用叠加原理画图，但那是静态的。由静到动的过渡正是本课最大的困难之一。让学生用玻璃纸画图，将不同时刻的波形叠在一起观察、想象。利用电脑补充更多的波形，使动感更连贯；叠加上动点，脑中动态的现象就呼之欲出了。
利用电脑动画辅助展示形成干涉的两列波和形成的干涉波形，就不难理解干涉现象的成因，并能进一步找出干涉现象的规律。
不同频率的两列波叠加，是学生想象的难点。利用电脑严格做出叠加的动画，不仅是要让学生理解这时的现象，更重要的是理解了干涉条件的必要性。
将直线上的干涉现象分析得出的结论应用于平面上的干涉现象，当然就比直接在平面上找出这些规律要容易得多了。磨刀不误砍柴工！
由点连线，怎样连线，不应由教师代办。再一次观察水波干涉，并和平面图对照，当然能对平面上的干涉现象有更科学的认识、更深刻的理解。
平面图能动起来，电脑技术再一次帮助我们突破由静到动的思维难点。定格技术，让我们能从容地进行分析。</td></tr>
</table>

续表

教师教学行为	学生活动	设计意图
四、干涉是波的特性、干涉的应用 不仅机械波会干涉，频率相同的各种波都会干涉。但物体在运动中相遇是不会干涉的，只有波在传播时相遇才会干涉，干涉是波特有的现象。 应用：①无线电波的干涉，使电视信号有的地方好，有的地方差。②"二战"时盟军飞机利用波的干涉，飞行在雷达波干涉相消的高度，使德军不能及时发现。	回顾讨论 分析猜想 听课	干涉应用的实例，可详可略、可多可少，但不能没有。
课堂总结、布置作业（略）：课本 P321 页 29 题		

6. 教学评价设计

过程与方法方面以及情感态度价值观方面的评价渗透在学生反复的探究过程中；以教师对学生的评价为主，也包括学生对学生的评价；通过观察、语言、手势、表情等途径引导学生思考，目的是要达到促进学生素质的全面发展。

知识与技能方面的评价，既融合在学生的探究过程以及对干涉现象应用的讨论中，还包括学生课后作业及后续的考试测验，以便及时发现疏漏加以弥补、提高。

6.3.4 总体结构设计

总体思路：本课件对波的干涉现象进行了分析，借助动画演示逐步了解产生这一现象的原因，从而提高学生分析问题和解决问题的能力，达到较好的教学效果。

课件遵循课堂教学的基本流程进行，便于学生自学。课件主要由复习提问、新课讲授、模拟实验、课堂练习四个模块组成。系统结构如图 6.1 所示。

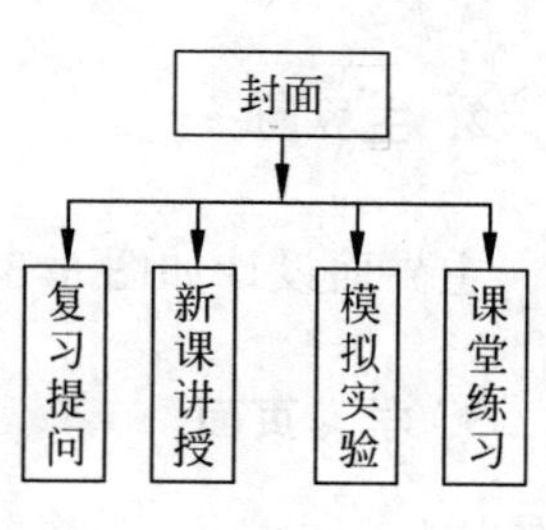

图 6.1　课件总体结构图

小技巧：*用手绘方式在空白纸上画出系统结构的草图。*

6.3.5 交互界面设计

1. 封面

封面设计如图 6.2 所示。

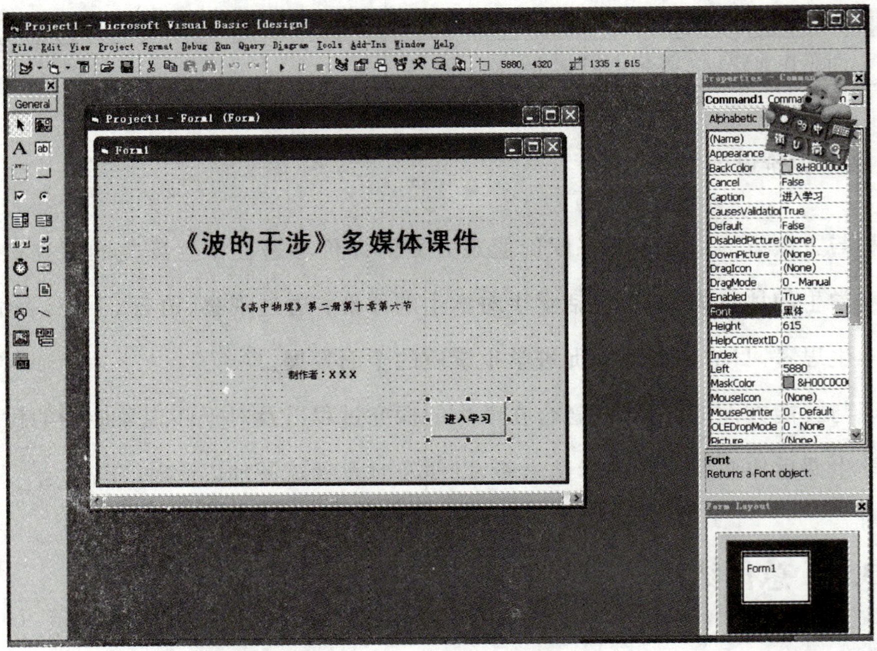

图 6.2 封面

2. 主界面

主界面设计如图 6.3 所示。

3. 学习页面

学习页面设计如图 6.4 所示。

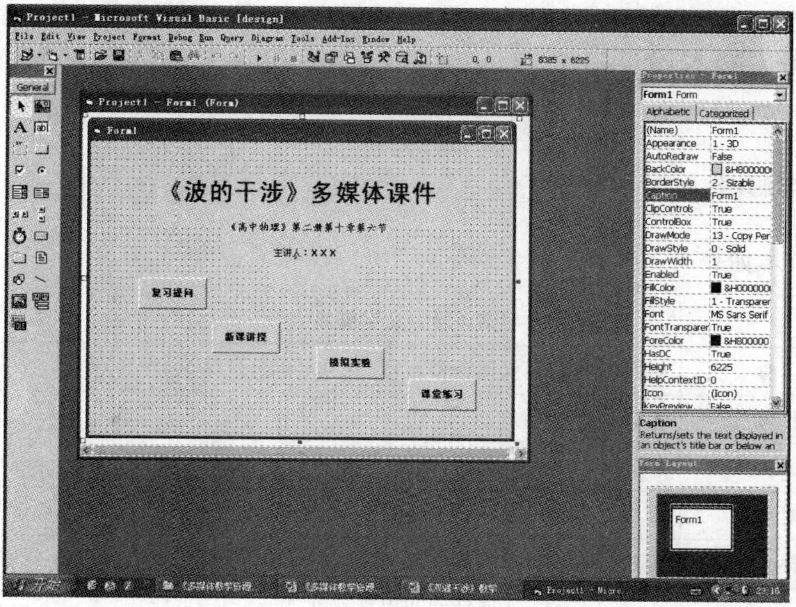

图 6.3　主界面

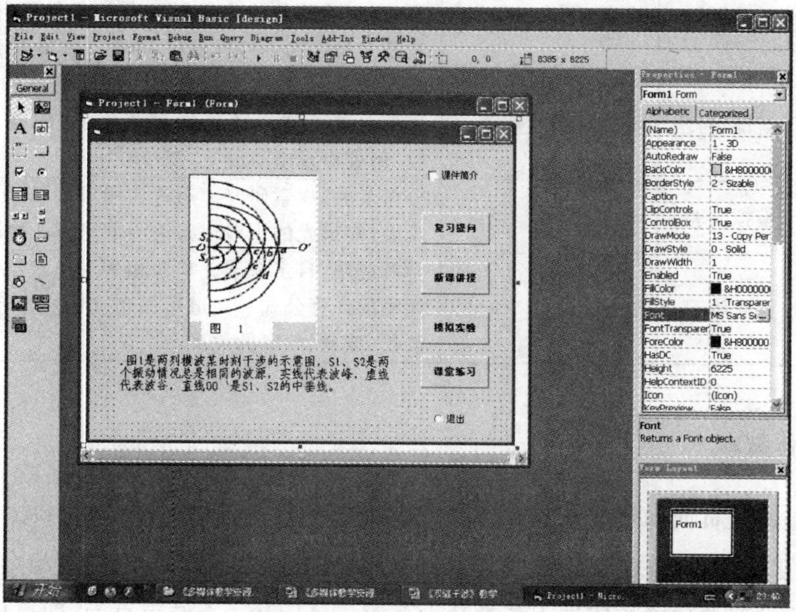

图 6.4　学习页面

6.3.6 脚本设计

1. 文字脚本

文字脚本如表 6.3 所示。

表 6.3 文字脚本

<table>
<tr><td>课件名称</td><td colspan="3">《波的干涉》多媒体课件</td></tr>
<tr><td>脚本作者</td><td colspan="3">XXX</td></tr>
<tr><td>制作人员</td><td colspan="3">XXX</td></tr>
<tr><td>适用对象</td><td colspan="3">高中二年级学生</td></tr>
<tr><td>课件模式</td><td colspan="3">模拟、课堂演示、操作与练习</td></tr>
<tr><td colspan="4">课件的知识点划分</td></tr>
<tr><td rowspan="5">知识单元</td><td>知识点</td><td>素材形式</td><td>教学目标</td></tr>
<tr><td>复习提问</td><td>文字、图片、解说</td><td>知识复习，方法铺垫。明确波的两个特有现象是什么，产生明显的波的衍射现象的条件是什么，两列波产生稳定的干涉现象时，对两个波源有何要求</td></tr>
<tr><td>新课讲授</td><td>文字、图片、解说</td><td>新课教学，层层探究。猜想光的本质是什么。掌握光的双缝干涉现象是如何产生的，何处出现亮条纹、何处出现暗条纹</td></tr>
<tr><td>模拟实验</td><td>动画、图片</td><td>分组实验，探索研究。通过实验观察认识光的干涉现象，知道光的干涉现象说明了光是一种波</td></tr>
<tr><td>课堂练习</td><td>文字</td><td>学习应用，自主探索。掌握相邻明条纹（或暗条纹）间距的计算公式。知道不同色光的频率不同，掌握波长、波速、频率的关系</td></tr>
</table>

2. 制作脚本

首先是进入页面即欢迎页面，主要了解制作主题、制作者相关信息和课件基本结构，课件可采用菜单方式（快捷键或菜单命令）或按钮方式进入下一页面。然后，由使用者选择相应的菜单项或按钮进入各教学主页面。最后是一个结束页面，即退出页面。

6.3.7 媒体素材设计

文字：由于课件的文字不多，则直接在 VB 中输入。

图片：扫描和用 PS 制作图片。网上下载。一些由简单线条构成的图形可利用绘图软件绘出。

动画：用 VB 生成，也采用其他软件模拟实验动画，再调用。

音频：采用 WAV 格式文件作为背景音乐，需要提前录制。知识讲解声音由声音处理软件录制而成。

小技巧：用列表法(即设计好表格)按页面号将相关数据和要求填入表中。

6.4 项目实现

6.4.1 片头与片尾的制作

1. 封面的制作方法

设计思路：在系统装入主窗体的过程中首先显示“封面”窗体，并且“封面窗体”在装入主窗体时一直显示在屏幕上，等到主窗体加载完毕，再将“封面”窗体关闭。在封面内容中要明确指示课件的名称、学习内容、制作者等信息；还要为知识点的学习指引道路。

制作方法：

(1) 建立封面界面，包括在 VB 中建立新项目、修改窗体属性、添加控件。

① 运行 VB，在新项目对话框中选择“标准 EXE”，单击“打开”按钮，建立新项目。自动生成一个名为 Form1 的窗体。

② 然后设置窗体属性，将窗体名 name 属性改为 Frmcover，边框样式属性设置为

无边框“0. None”，Picture 属性加载已准备好的图片 Bitmap。

③ 另外，在工程中创建 MDI 窗体。从“工程”菜单中选择“添加 MDI 窗体”命令，然后修改 MDI 窗体的属性，将窗体名改为 frmmain，窗体状态 WindowsState 属性设置为“最大化”。

④ 单击“开始”按钮，选择“所有程序”→Microsoft Visual Studio 6.0 Tools →API Text Viewer 命令，如图 6.5 所示。

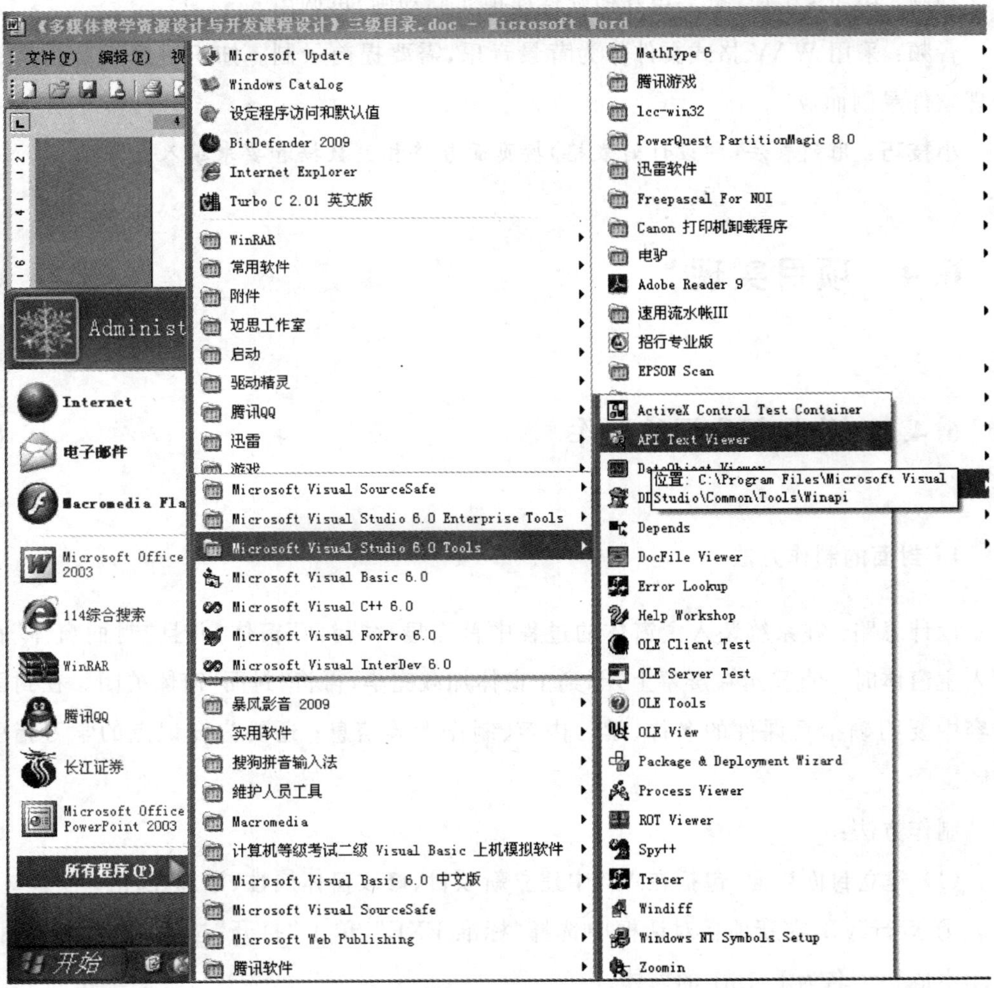

图 6.5 API Text Viewer 命令

⑤ 选择 API Text Viewer 命令，出现 API Text Viewer 对话框，如图 6.6 所示。

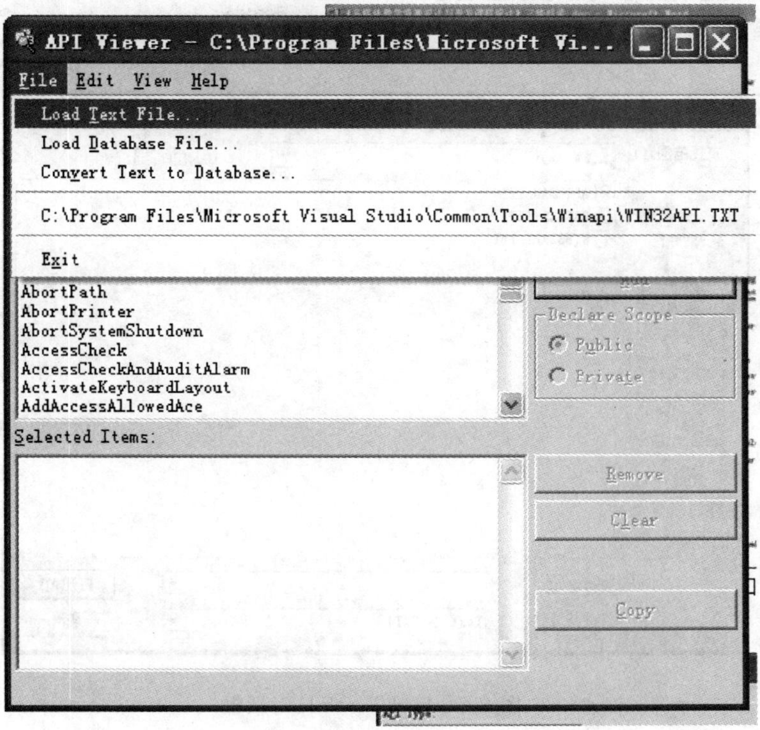

图 6.6　API Text Viewer 对话框

⑥ 从 File 菜单中选择 Load Text File 命令，出现选择文本 API 文件对话框，从所列的文件中选择 WINAPI32. TXT，如图 6.7 所示。

⑦ 在 API Type 中选择 Declares，输入"SetWindowPos"，在 Declare Scope 选择 Private，如图 6.8 所示。

然后，将 Windows API 函数的声明复制到剪贴板上。再双击窗体，将 SetWindowPos 函数声明粘贴到通用过程中。

```
Private Declare Function SetWindowPos Lib "user32" Alias "SetWindowPos" (ByVal hwnd As
Long, ByVal hWndInsertAfter As Long, ByVal x As Long, ByVal y As Long, ByVal cx As Long,
ByVal cy As Long, ByVal wFlags As Long) As Long
'常数声明
Private Const SWP_NOSIZE = &H1
```

```
Private Const SWP_SHOWWINDOW = &H40
Private Const flags = SWP_NOSIZE Or SWP_SHOWWINDOW
Private Const HWND_TOPMOST = .1
```

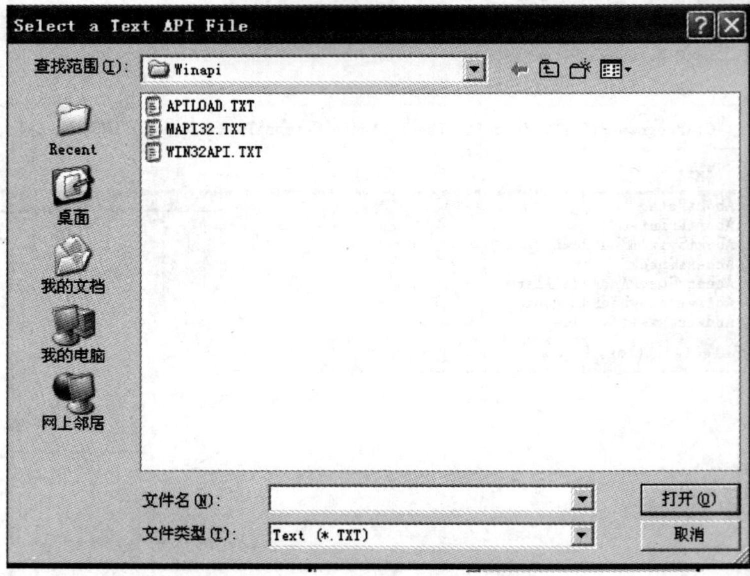

图 6.7 load TextFile 对话框

(2) 制作标题字的闪烁效果，包括在窗体加入一个 Timer 时间控件、添加源代码。

通过随机改变字体颜色，可实现字体闪烁效果。先在窗体中插入 3 个 Timer 时间控件，其中 timer1 用来定时闪烁字体颜色，另外，timer2 和 timer3 则用来定时显示封面，自动进入主窗体一，然后编写相应的事件过程。

窗体启动时的事件过程：

```
Private Sub Form_load()
  Timer1.Enabled = True                    '启动窗体中时钟
  Timer1.interval = 800                    '设置字体闪烁时间间隔
  SetWindowPos frmcover.hwnd,HWND_TOPMOST,frmcover.Left/15,_
    frmcover.Top/15,frmcover.Width/15,frmcover.Height/15,flags
  '使封面窗体 frmcover 始终在主窗体 frmmain 上面
  Timer2.Enabled = True
  Timer2.interval = 5000
  Timer3.Enabled = True
```

```
  Timer3.interval = 2000
End Sub
```

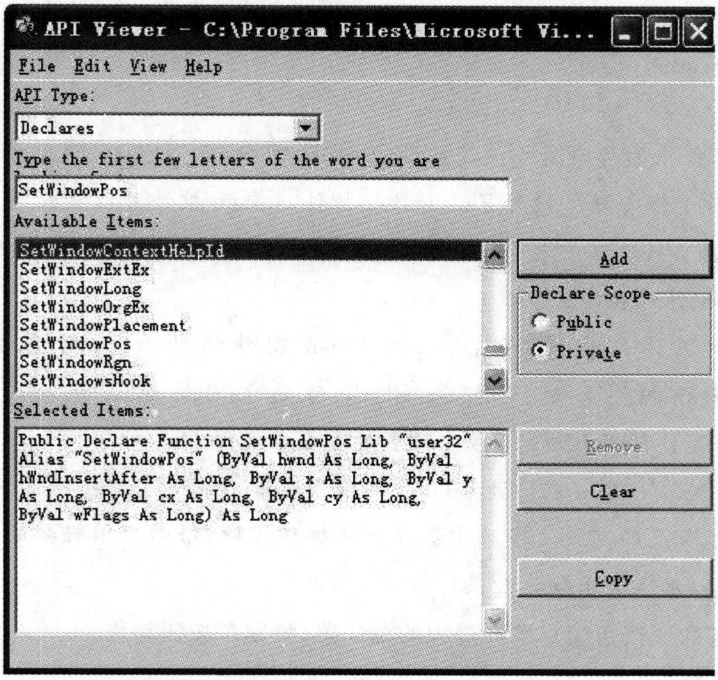

图 6.8　Declares 选项

实现时钟随机改变颜色的事件过程：

```
Private Sub timer1.timer()
  Dim x as integer,y as integer,z as integer
  Randomize
  x = int(Rnd * 255)
  y = int(Rnd * 255)
  z = int(Rnd * 255)
  Label1.ForeColor = RGB(x,y,z)
End Sub
```

5 秒后自动退出封面显示页面的事件过程：

```
Private Sub timer2.timer()
  Unload frmcover
```

```
End Sub
```

封面显示 2 秒后自动加载主窗体的事件过程：

```
Private Sub timer3.timer()
  frmmain.show
End Sub
```

注意：课件中的静态图片一般采用 Photoshop 制作。JPG、GIF 是课件选用较多的图片格式。对于静态图片利用 PictureBox 控件，Image 控件可以直接加载。而对于常用的 GIF 动画 VB 6.0 中未提供标准控件，这时可以利用第三方提供的 GIF 控件，如 AniGif(相应控件可在网上下载)。

小提示：课件片头和片尾可采用 Flash 制作的动画，此时需要用 VB 自带 ShockwaveFlash 控件加载。VB 和 Flash 动画之间的交互可以通过该控件的 FSCommand 事件调用 Flash 动画中设置的参数来实现。

小技巧：在 VB 中可以通过 MCI 控件加载音乐。利用 Timer 控件的 Timer 事件，可通过对音乐长度的判断实现对背景音乐的循环播放，给学生以轻松的学习氛围。对于按钮，也可以加上音乐切换效果。

(3) 为各命令按钮编写事件过程的源代码，触发各按钮动作。

6.4.2 主界面与子界面的制作

1. 新建一个工程

打开应用软件 Visual Basic 6.0，进入 VB 时，新建一个标准的 EXE 工程，命名为“光的干涉.vbp”。

2. 在窗体中的完成控件布局

整个窗体分成两列波发生干涉的演示区和右上角的操作区。

3. 向窗体里添加控件对象

首先向窗体中添加一个 Frame(框架)控件和一个 Command(按钮)控件。然后再在 Frame(框架)控件内添加进 3 个 Vscroll(垂直滚动条)控件,6 个 Label(标签)控件。

4. 设置控件属性

设置各控件的 Name 属性为默认值,其余属性如表 6.4 所示。

表 6.4　各控件的属性设置

控件	属性名	属性值	备注
VScroll 控件 1	Name	VScroll1	
	Caption	VScroll1	
	SmallChange	1	
	LargeChange	5	
	Max	0	
	Min	50	
VScroll 控件 2	Name	VScroll2	
	Caption	VScroll2	
	SmallChange	1	
	LargeChange	5	
	Max	0	
	Min	100	
VScroll 控件 3	Name	VScroll3	
	Caption	VScroll3	
	SmallChange	1	
	LargeChange	2	
	Max	0	
	Min	20	
Frame 控件	Name	Frame1	
	Caption		
Label 控件 1	Name	Label1	
	Caption	输入半波长值	
Label 控件 2	Name	Label2	
	Caption	绘制总波次数	
Label 控件 3	Name	Label3	
	Caption	两波源距离数	
Label 控件 4	Name	Label4	
	Caption	为“空”,即开始不显示	

续表

控件	属性名	属性值	备注
Label 控件 5	Name	Label5	
	Caption		
Label 控件 6	Name	Label6	
	Caption		
Command 控件	Name	Command1	
	Caption	演示	

小技巧：大多数课件在定制界面时习惯于将窗体的大小设置为整个屏幕，在实践中如果将大小为全屏的窗体的背景色设为黑色，其上放一大小约为全屏 2/3 的 PictureBox 控件来代替 Form 控件作为控件容器的话，学习者学习时视觉不易疲劳。

6.4.3 系统中实验模块的实现

过程代码和控件动作代码如下，具体意义见注释。

```
Private Type Point                          '创建自定义数据类型,用于确定位置.
   X As Long
   Y As Long
End Type

Private Sub Command1_Click()
   Command1.Caption = "重新演示"
   Const PI = 3.14159265
   Dim nbc As Long
   Dim nhz As Long
   Dim njl As Double
   nbc = VScroll1.Value                     '从滑块 1 取得波长值
   nhz = VScroll2.Value                     '从滑块 2 取得绘制波数值
   njl = VScroll3.Value                     '从滑块 3 取得波源距离值
   Refresh                                  '刷新
Dim S(2) As Point                           '声明(自定义)数组变量
S(1).X = ScaleWidth/3                       '确定波源 1 的 X 坐标
S(1).Y = 500                                '确定波源 1 的 Y 坐标
```

```
S(2).X = S(1).X + njl * nbc                    '确定波源 2 的 X 坐标
S(2).Y = 500                                    '确定波源 2 的 Y 坐标
With Me
  .DrawStyle = 0                                '设定线条式样(实线)
  .DrawWidth = 7                                '设定线条宽度
  PSet (S(1).X, S(1).Y), RGB(0, 0, 0)           '画波源 1
  .DrawWidth = 1                                '同前
  PSet (S(1).X . 37, S(1).Y + 5), BackColor     '使 S1 在波源 1 的正下方
  Print " 波源 S1"                               '标注 "波源 1"
  .DrawWidth = 7                                '同前
  PSet (S(2).X, S(2).Y), RGB(0, 0, 0)           '画波源 2
  .DrawWidth = 1                                '同前
  PSet (S(2).X . 37, S(2).Y + 5), BackColor     '使 S2 在波源 2 的正下方
  Print "波源 S2"                                '标注 "波源 2"
  '以下用虚线画 XY 平面坐标方位
  .DrawStyle = 2                                '同前
  .DrawWidth = 1                                '同前
  Line ((S(1).X + S(2).X) / 2, 0).((S(1).X + S(2).X) / 2, .ScaleHeight), RGB(0, 0, 0)
  Line (0, 500).(.ScaleWidth, 500), RGB(0, 0, 0)
  For i = 1 To nhz                              '循环绘图
  If i Mod 2 <> 0 Then                          '奇数次波用实线画圆
    .DrawWidth = 2                              '同前
    .DrawStyle = 0                              '同前
    Circle (S(1).X, S(1).Y), nbc * i, RGB(255, 0, 0), 0, PI        '用红色画圆
    Circle (S(2).X, S(2).Y), nbc * i, RGB(0, 0, 255), 0, PI        '用蓝色画圆
  Else                                          '偶数次波用虚线画圆
    .DrawWidth = 1                              '同前
    .DrawStyle = 1.5
    Circle (S(1).X, S(1).Y), nbc * i, RGB(255, 0, 0), 0, PI        '同前
    Circle (S(2).X, S(2).Y), nbc * i, RGB(0, 0, 255), 0, PI        '同前
  End If
  Delay                                         '调用延时过程,形成动画
  Next i
End With
End Sub
```

```
Private Sub Form_Load()                    '各滑块初始化
  VScroll1.Value = 20
  VScroll2.Value = 20
  VScroll3.Value = 8
End Sub
Private Sub mnurjxx_Click()                 '单击软件信息菜单,打开软件信息窗口
  About.Show
End Sub
Private Sub VScroll1_Change()             '波长滑块移动时,重画干涉图样,并显示相应波长值
  Label4.Caption = VScroll1.Value           '显示波长滑块数值
End Sub
Private Sub VScroll2_Change()             '波次滑块移动时,重画干涉图样,并显示相应波次值
  Label5.Caption = VScroll2.Value           '同前
End Sub
Private Sub VScroll3_Change()
  '波源距离滑块移动时,重画干涉图样,并显示相应波源距离值
  Label6.Caption = VScroll3.Value           '同前
End Sub
Private Sub Delay()
  For i = 0 To 5000000                      '利用空循环产生延时
  Next i
End Sub
```

6.4.4 实现时应注意的问题

(1) 用VB开发多媒体课件,主要体现在对声音、视频、动画、文本的控制上。用VB构建一个强大的开发平台,在此基础上引入其他媒体,并加以控制,从而发挥各自的优势。

(2) 充分利用其他制作工具的作用,如在VB平台中插入Falsh控件播放两球相碰的Falsh动画与两波相遇的现象作对照,让学生充分感受两波相遇叠加的规律,使教学内容从封闭走向开放。

(3) 在制作课件时注意辅助教学的过程主要包括四个要素:教师、学生、教材和课件,四要素相互联系,相互制约,形成了一个有机的整体,从而达到满意的教学效果,但是要注意发挥VB功能,避免单线程,并便于学生自学。

(4) 可根据自身的技术实力，增强数据库操作能力和艺术表现力，达到整体效果的优化。

小提示：要制作一个智能CAI，记录学生在使用系统过程中与系统的交互情况，例如请求帮助的情况，学生回答问题的流利程度及正确程度等，需要建立试题数据库，并对学生的学习进行评估，评价结果的信息随即记录在数据库中，本课件"课堂练习"模块中的实时自测功能，单机版可采用 Data 控件＋Access 数据库实现。对于网络版，可以采用 ODBC 实现程序与数据库的连接。

6.4.5 打包与发布

选择"文件"→生成"波的干涉.EXE"文件，系统将软件编译为可脱离编程环境自行运行的可执行文件。图 6.9 为打包与发布界面。

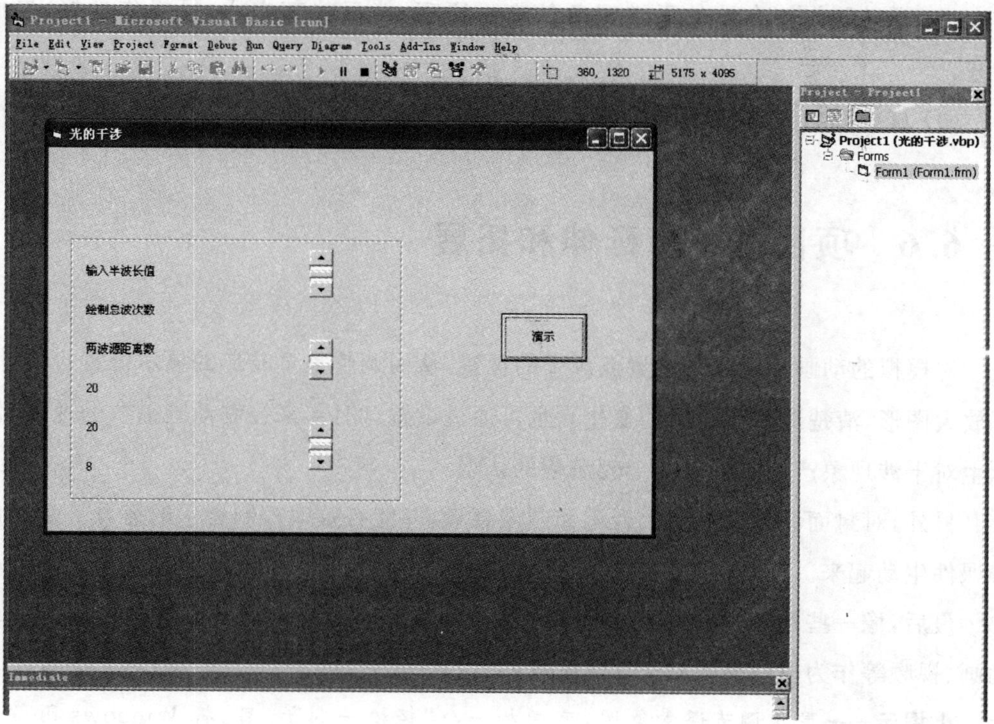

图 6.9 打包与发布

小技巧：如果想让生成的EXE文件脱机运行，可将打包后的DLL文件和EXE文件存放在同一个目录底下一起发布，相应的音乐、动画、游戏等文件也要一同附带上。

注意：在程序中访问文件一定要采用相对路径的方式。

小提示：作为多媒体课件使用起来最好是越简单越好，因此可以将它做成自启动方式。只要将光盘放入光驱，即可运行。方法是在光盘的根目录下创建一个autorun.inf文件，比如内容为[autorun]open＝sjjg.exe icon＝sjjg.ico的文件的含义为打开根目录下名为sjjg的可执行文件，光盘的图标为sjjg.ico所对应的图片。

6.5 项目评估

(1) 教学设计方案合理、有效，能恰当运用多媒体手段，能取得比较好的教学效果。

(2) 课件制作符合波的干涉现象的产生原理，能反映其本质，可操作性好，界面友好。

(3) 课件结构完整，能比较真实反映教学全过程。

6.6 项目进一步延伸和拓展

对模拟的动画部分还可设置波源1的位置，从而调整整个波形的显示位置。另外，可放大图形，清楚地观察图形的变化。也可通过设置计时器来控制动画播放的速度，使学生对干涉现象产生过程有一个较清醒的认识。

另外，对封面和封底可加上音乐和图像背景，并能有效地控制音乐的播放。从而使得课件生动起来。

最后，像一些运动的控制及轨迹的生成也可借助VB开发课件，同时也可将Flash动画、视频等作为控件插入到VB窗体里。

小提示：如果想调节课堂氛围，可增加一个"轻松一刻"栏目，将Windows附带的大量游戏程序和Flash音乐通过系统函数Shell进行访问，在VB程序中使用Shell函数可方便地实现对 EXE 文件的访问。如调用 Windows 附件中的写字板可以采用如下格式：

```
Shell "C: \Program Files\Accessories\WordPad.exe", vbNormalFocus"
```

小技巧：如果想在课件中访问 Internet,比较简单的方法就是用 VB 自带的 GoToWeb 控件,建立具有 Web 访问功能的超链接。当然,也可用第三方控件来实现。

第 7 章

模拟实验课件的设计与制作

本章提要

本章主要阐述模拟实验课件的制作背景及其设计内容，并对如何运用 Flash 软件来制作模拟实验课件进行了比较具体的介绍。完成本章的学习后，学习者能够掌握模拟实验课件的设计内容，能够较熟练地运用 Flash 软件进行模拟实验课件的开发。

本章重点

- 模拟实验课件的特点
- 模拟实验课件的设计内容
- 运用 Flash 软件进行模拟实验课件的开发

7.1 项目背景及要求说明

7.1.1 基于 Flash 的模拟实验课件的应用背景

Flash 是由 Adobe 公司开发的网络交互式矢量动画制作软件。应用 Flash 制作课件,具有容易操作、直观性强等特点,能使教学内容更具体化、更丰富、有趣生动。又因用其制作的课件具有数据量小、任意缩放而不失真,适宜网络传输等特点,现在正越来越多地受到老师们的青睐,经常使用 Flash 来制作课件。Flash 已成为当前最流行的课件制作软件之一。Flash 基于时间轴式的编辑环境,以及脚本功能应用大大增强了软件的功能,编程方式更加人性化(如点语法的运用),让老师们使用起来感觉并不难。当然只要涉及到交互,就必须用到脚本,对新手来说上手也是不那么容易的。

如果利用好 Flash 内置的脚本 ActionScript,会使 Flash 的应用范围更加广泛,做到随心所欲,控制自如,展现动画形象生动的魅力,从而制作出精美的多功能 Flash 课件来。

对于实验操作过程性强的课程,可充分利用 Flash 强大的动画功能和脚本编程能力,制作出符合教学需要的实验课件。

7.1.2 基于 Flash 的模拟实验课件设计与制作的基本要求

本项目要求学生能用 Flash 模拟一个实验操作课件,要求在做好教学设计的基础上,掌握课件的制作技巧,界面设计美观、交互性好,模拟教学内容科学、形象、具体,能反映课堂讲解的内容与实质。

下面以初中化学《制取氧气》为例,说明如何利用 Flash 开发多媒体课件。

7.2 需求分析

《制取氧气》是人教版义务教育课程标准实验教科书《化学》(九年级)第二单元课题三的内容。本课题是学生练习了实验基本操作后接触到的第一个气体制取实验,对它的学习有利于进一步熟悉常见仪器的使用,并通过对实验室制取氧气的原理和思路的分析,培养学生的实验探究能力和创新意识,为今后学习其他气体的制取打下良好的基础。

为此,需要制作一个课件让学生自觉学习实验操作内容,规范实验操作行为,掌握相关制取氧气的原理。保持对化学实验的浓厚兴趣,从而激发学生学习化学的自觉性和积极性;在模拟实验过程中,培养学生兴趣,在学习中提出问题、分析问题、解决问题;学习运用观察、实验等方法获取信息,从而提高对实验进行分析和思考的能力。

7.3 系统设计

7.3.1 系统总体概述

本项目主要研究实验室中如何制取氧气,在实验室里常用分解过氧化氢溶液或加热高锰酸钾的方法制取氧气等内容。可借助动画、视频等各种素材来展示实验过程,反映实验原理,掌握实验方法。

本课件采用 Flash 开发,课件有讲解词、背景音乐、图片、动画和操作演示的视频等各种多媒体元素。形象生动,可操作性强。

7.3.2 设计思路及特色

设计思路:通过课件让学生能够自己动手探究,综合练习化学实验基本操作,将演示实验与随机探究实验有机结合。本课件根据教学特点引导学生从生活体验出发,通过具体的实验探究得出制取氧气的原理,理解催化剂和分解反应的概念,了解催化剂在化工生产中的应用,培养学生观察能力、分析能力和实验动手能力,通过交互去学习和掌握运用新知识。

7.3.3　教学设计

1. 教学目标

(1) 了解实验室制取氧气的反应原理,理解催化剂和分解反应等概念,培养学生的实验技能;

(2) 通过探究氧气的制法,让学生初步学习实验探究方法和运用比较学习法;

(3) 激发学生学习化学的兴趣和探究的欲望,培养学生的创新意识。

2. 学习者特征分析

(1) 学生是初三学生;

(2) 作为初三学生,对生活中的化学现象有浓厚的兴趣,较强的探究欲望;

(3) 学生具备了一定的自学能力,通过以前的探究学习活动,学生对科学探究也有一些体验;

(4) 学生已经学习了"我们周围的空气"、"氧气的性质"等,对氧气有了一定的了解,但对如何得到氧气,特别是在实验室的条件下如何制取氧气还没有系统深入的认识;

(5) 学生学化学以来遇到的第一种气体的制取,是学生具体地从化学的角度出发,学习和研究制备物质的开始,为今后学习"二氧化碳制取的研究"等打下一定的基础。

(6) 学生在平常的学习和生活中已经接触过使用氧气的例子。

3. 教学策略选择与设计

(1) 情境激趣策略:通过图片,调用生活中与教学内容相关的情景,激发学生的兴趣，调动学生的积极性；

(2) 问题目标引导探究策略：通过问题目标的驱动，引导学生思考并设计解决问题的思路、步骤和方法，使学习循序渐进、由浅入深，积极地参与到猜想、探究的学习中去；

(3) 实验探究式学习策略：通过交互式动画，给学生创设适量的动手实践机会，引导学生自主进行实验探究，给予学生一定的自主性和创造发挥的空间。

(4) 问题对比学习策略：通过问题从不同侧面的对比，找出不同点，探索问题的本质。

4. 教学环境及资源准备

教学环境及资源准备如表 7.1 所示。

表 7.1 教学环境及资源准备

知识点	学习目标	媒体类型	媒体内容要点	教学作用	使用方式	所得结论	时间
氧气的获取	认识现象	演示图片	氧气的工业制取 医学、工业应用	通过氧气用于动植物呼吸、医疗急救、金属切割等图片激发学生兴趣，并学会从生活中提出问题	演示	除了用工业方法制取氧气外，还可用实验室法制取氧气	8
氧气的获得	探究基本规律	演示实验录像动画	仪器的装配 三个实验操作过程	在真实实验后，可用录像循环播放，掌握操作规范；通过动画设置三个对比实验，让学生在观察与讨论中，发现问题，提出问题，解决问题，从中培养科学观察、综合分析问题的能力及实事求是的科学态度	演示讨论启发总结	不加热时，过氧化氢溶液一般不放出氧气；在稍微加热的情况下，过氧化氢溶液能放出氧气；常温下，在加入二氧化锰的情况下，能迅速放出氧气	8
催化剂及催化作用	理解现象的原因	动画图片	认识二氧化锰 它在实验中起的作用	引出催化剂的概念和催化作用，给学生探究的机会，由实验解疑，获取新知识。并了解催化剂在化工生产中的作用	演示讨论启发总结	在用过氧化氢溶液和二氧化锰制取氧气时，二氧化锰可以加快过氧化氢溶液的化学反应速率	10
分解反应与化合反应	辨认现象	电脑课件	相关反应现象的图片动画模拟	由化合反应特点引出分解反应的学习，由实践体验上升到理论思考	演示讨论启发总结		4

5. 教学过程

教学过程如表 7.2 所示。

表 7.2　教学过程表

<table>
<tr><th>教学流程</th><th>教师活动</th><th>学生活动</th><th>设计意图</th></tr>
<tr><td rowspan="3">激趣导入</td><td>(体验游戏)请同学们屏住呼吸,能屏多久</td><td>参与感受</td><td>导入新课</td></tr>
<tr><td>(课件展示)氧气用于动植物呼吸、医疗急救、金属切割等图片</td><td>观后感受</td><td rowspan="2">让学生明确本课的学习内容,激发学习兴趣</td></tr>
<tr><td>(提问)氧气如何获取呢
(明确)有工业制法和实验室制法</td><td>思考</td></tr>
<tr><td rowspan="4">实验探究</td><td>(课件展示)工业上需要的大量氧气采用分离液态空气法</td><td>观看</td><td>利用直观教学,让学生了解工业制氧法</td></tr>
<tr><td>(提问)实验室是如何制取氧气的呢</td><td>思考回答</td><td>明确学习导向</td></tr>
<tr><td>(引导)利用实验台上的仪器探究这一问题
参照教材 P37 图 2.14,说出仪器名称和用途,观察药品颜色</td><td>组内交流</td><td>与旧知识相衔接,为探究新知识作准备</td></tr>
<tr><td>(课件展示)【实验 2.5】内容
<table>
<tr><th>实验编号</th><th>现象</th><th>原因</th><th>快慢</th></tr>
<tr><td>① 过氧化氢溶液</td><td></td><td></td><td></td></tr>
<tr><td>② 单独加热二氧化锰</td><td></td><td></td><td></td></tr>
<tr><td>③ 过氧化氢溶液中加入少量的二氧化锰</td><td></td><td></td><td></td></tr>
</table></td><td>学生按表格内容做好实验并观察、记录、分析</td><td>培养学生实验观察能力和操作能力,提高小组的团结协作精神</td></tr>
<tr><td rowspan="2">引导发现</td><td>(引导)学生讨论交流实验结果。
(设问)实验室用过氧化氢溶液制取氧气时为什么总要加入少量的二氧化锰</td><td>小组讨论交流</td><td>培养合作意识,养成实事求是的科学态度</td></tr>
<tr><td>(评价)对学生的讨论情况适当赞许和鼓励,并得出初步结论:二氧化锰能加快过氧化氢溶液分解制取氧气的速度</td><td>学生相互评价</td><td>增强学生的成就感和愉悦感</td></tr>
</table>

6. 教学评价

过程与方法方面以及情感态度价值观方面的评价渗透在学生反复的探究过程中;

以教师对学生的评价为主，也包括学生对学生的评价；通过观察、语言、手势、表情等途径引导学生思考，达到促进学生素质的全面培养的目的。

知识与技能方面的评价，既融合在学生的探究过程以及对生活中氧气的应用和氧气的制取方法的讨论中，还包括学生课后练习，以便及时发现疏漏加以弥补、提高。

教学流程如图 7.1 所示。

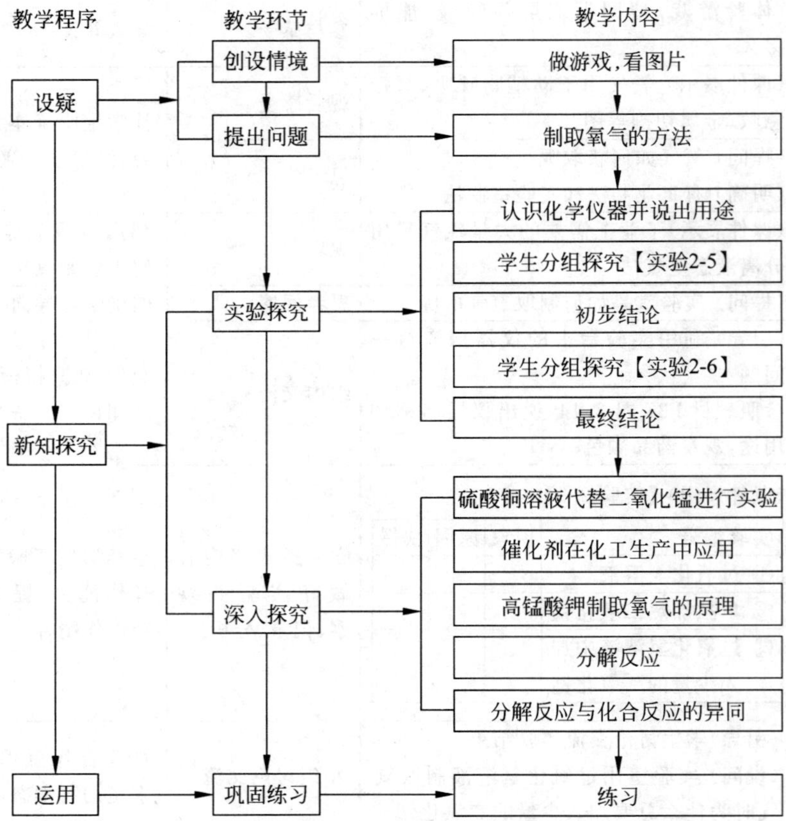

图 7.1 教学流程图

7.3.4 总体结构设计

总体思路：本课件对氧气的实验室制取方法进行了分析，借助动画和视频演示让学生逐步掌握实验操作过程及操作规范，从而提高学生分析问题和解决问题的能力，达到较好的教学效果。

课件遵循深究式教学模式的基本教学流程进行，便于学生自学。课件主要由设疑(身边的化学)、新知探究、运用(化学与生活)三大模块组成。系统结构如图 7.2 所示。

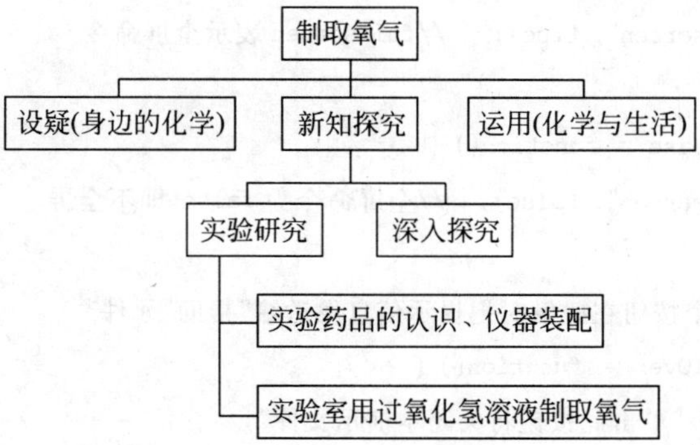

图 7.2 系统结构图

7.3.5 交互界面设计

漂亮清新的 Flash 课件面板是一个能吸引学生注意力的成功课件的重要条件。所以在做 Flash 课件内容之前一定要新建一个元件，取名为“window”，设计出一个漂亮的基本面板来。

另外，Flash 默认的窗口大小是 550×400，但是要让 Flash 课件全屏显示，并且能自由控制，这样就必须做好三个按钮来实现相应的效果。需要制作的三个按钮，分别在实例名称中取名为 small_btn、big_btn、close_btn。把它们排列在 Flash 课件右上角，像 Windows 程序界面一样。然后在按钮所在层的帧动作中输入以下代码。

```
close_btn.useHandCursor = false;
big_btn.useHandCursor = false;
small_btn.useHandCursor = false;
//这里三句表示将按钮的手型去掉，可以不要
close_btn.onRelease = function() {
_root.window._alpha = 50;
```

```
_root.ask._visible = true;        //因为要防止误操作,所以关闭按钮并不是直接退出,而是
                                    调出确定窗口。界面变 50% 透明
};
big_btn.onRelease = function() {
fscommand("fullscreen", true);   //fullscreen 表示全屏命令
};
small_btn.onRelease = function() {
fscommand("fullscreen", false);  //全屏命令为 false,即不全屏
};
//下面是让这三个按钮在碰触时把提示信息发送给"帮助"元件
close_btn.onRollOver = function() {
_root.helptxt = "单击此按钮将关闭本演示文件";
};
fullscreen_btn.onRollOver = function() {
_root.helptxt = "单击此按钮将全屏显示本演示文件";
};
small_btn.onRollOver = function() {
_root.helptxt = "单击此按钮将以标准 600×450 显示本演示文件";
};
```

上例 Flash 课件的主色调是深蓝色,辅以白色线条作为点缀。上下各一个标题栏和一个状态条,设置为不透明。确定好主界面后,再加上按钮等,与整体主色相协调。

7.3.6 制作脚本设计

脚本设计就是将制作思路组织起来形成结构化。编写脚本是把零散的思路组织起来的最好方式。在这里的脚本和一般意义上戏剧上的脚本不同,不需要特别详细,只要写出课件的基本结构即可,称为"结构脚本"。

1. 文字脚本

文字脚本如表 7.3 所示。

表 7.3 文字脚本

课件名称	《制取氧气》多媒体课件		
脚本作者	XXX		
制作人员	XXX		
适用对象	初中三年级学生		
课件模式	模拟实验操作、课堂演示、自主学习		
课件的知识点划分			
	知识点	素材形式	教学目标
知识单元	设疑(身边的化学)	文字、图片、解说	观看氧气用于动植物呼吸、医疗急救、金属切割等图片,让学生认识到身边的化学
	新知探究(仪器药品的认识与装配、氧气的制取)	文字、图片、解说	新课教学,层层探究。让学生掌握实验室用什么方法获得氧气
	模拟实验	动画、图片	探索研究实验过程,通过实验观察催化剂的催化作用
	运用(生活与化学)	文字、图片	学会应用,自主探索。理解分解反应与化合反应的区别

2. 制作脚本

(1) 片头动画:呈现课题名、执教者、教材等文字信息;继续或进入按钮。可根据自己的能力选择做三维的片头动画。

(2) 导航页:设疑(身边的化学)、探究(药品的认识与仪器的装配、模拟实验)、运用(生活与化学)

(3) MC 部分:

① 文字:身边的化学。

小技巧:为了将文字快速地分配到各层,先输入几个文字,按 Ctrl+B 组合键打散一次。这时看到的文字是分离开的,而且是选中的状态。然后在这些文字(不要取消选中状态)上右击选择"分配到层"。

② 氧气有这么多重要的用途,氧气又是怎样制得的?

③ 伴奏音乐：导航条上准备一个音乐 MC 和一个停止音乐按钮。最后是“退出”按钮。

7.3.7 媒体素材设计

文字：由于课件的文字不多，则直接在 Flash 中输入。

图片：从网上下载一些身边的化学、生活与化学相关的一些图片，动画中的烧杯、试管等实验物品，则直接在 Flash 中用图形工具绘出。

动画：用 Flash 制作完成模拟实验过程，另外利用脚本语言实现交互控制功能。

音频：包含背景音乐和讲解声格式为 WAV 文件或 MP3 文件，需要提前录制。其中，知识讲解声音由声音处理软件录制而成。

7.4 项目实现

本项目主要运用 Flash 软件制作《制取氧气》课件，掌握它的制作方法和技巧。

项目的实现要进行如下的工作：(1)编写结构脚本，确定课件界面风格。(2)课件的前期准备与库的整理。

有了结构脚本以后，就可进行课件素材的准备，如声音文件，一般采用 MP3 或 WAV 格式。在本课件中需要讲解的声音(解说词)，以及朗读课文时的背景音乐，这些都可以到网上去下载各种音效，也有一些需要自己录制。还需要下载一些图片：氧气用于动植物呼吸、医疗急救、金属切割等图片等。

一切准备就绪以后，就可以开始做课件。

打开 Flash 软件，新建一个文件，马上保存文件名为“制取氧气”。然后做一件很重要的工作，可以让以后的课件制作保持清晰的脉络，那就是库的整理。按 F11 键打开库，然后新建几个文件夹，如创建“音乐”、“生活中的化学”、“背景图”、“解说”、“文字”等文件夹，将以后随时制作的元件分门别类地归入各个文件夹。

7.4.1　片头的制作

1. 片头动画

片头动画如图 7.3 所示。

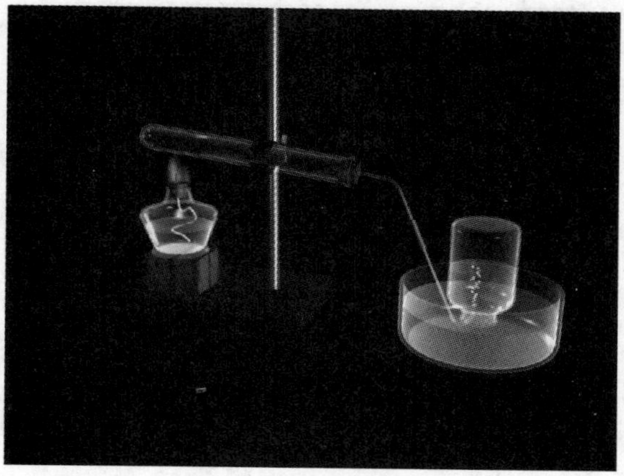

图 7.3　片头动画

2. 片头界面

片头界面如图 7.4 所示。

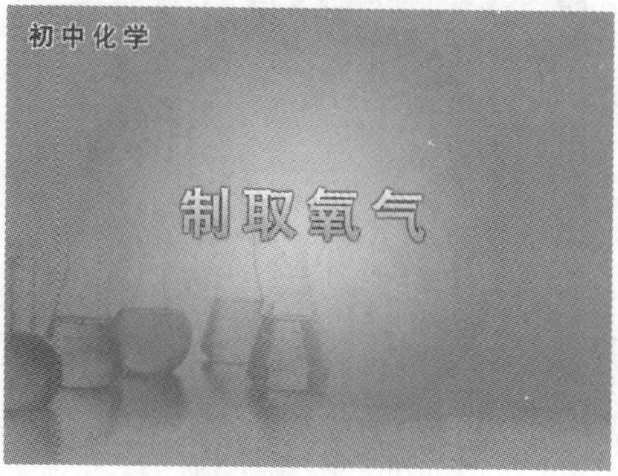

图 7.4　片头界面

7.4.2 主界面与子界面的制作

1. 导航页面

导航页面如图 7.5 所示。

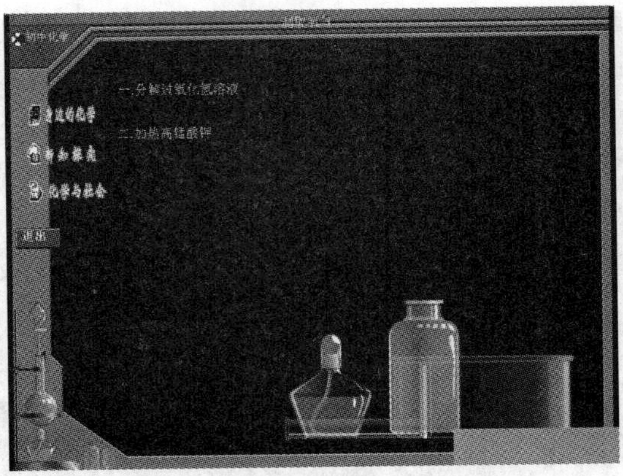

图 7.5 导航页面

2. 设疑(身边的化学)页面

设疑页面如图 7.6 所示。

图 7.6 设疑页面

3. 新知探究(实验室制取氧气实验)主页面

新知探究页面如图 7.7 所示。

图 7.7 新知探究页面

4. 运用(化学与社会)页面

运用化学页面如图 7.8 所示。

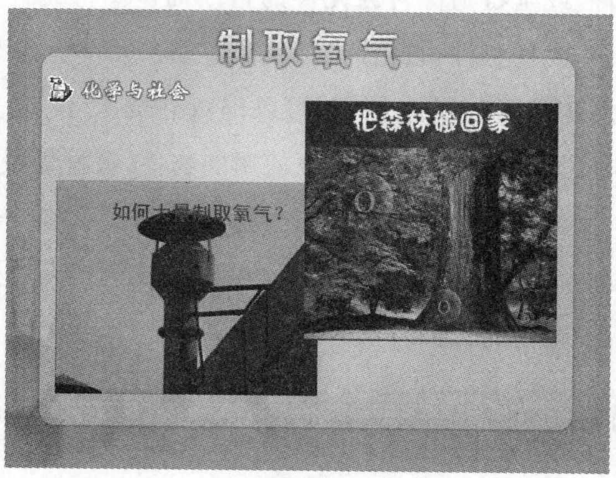

图 7.8 运用页面

7.4.3 元件的制作

在本课件中，需要的元件相当多，元件的制作可以用以下几种方法。

1. 用绘图工具绘制

Flash 的绘图工具面板分为上下两部分，上半部为主要工具，下半部为每种主要工具的附属功能选项。

在开始进入绘图之前，先介绍 Flash 物件的种类，Flash 物件的种类有下列三种：

(1) 一般物件

由绘图工具所产生的物件，或是被打散的文字及点阵图都是一般物件。一般物件可以随时改变颜色及形状，被选取的部分可以脱离原物件而独立。

(2) 群组物件

一个或数个一般物件，经过群组动作后所形成的独立物件。除非经过解散群组的动作，否则它不能改变颜色及形状(除了缩放大小之外)。

(3) 元件

可以通过新增元件，或是将物件转为元件的指令而产生。元件依其行为可分为图形元件、按钮元件及影片元件三种，它们产生后，都存放在元件资料库中，所有元件资料库中的元件都可以重复被拉入场景来使用，可以缩放它的大小、改变它的透明度及色调，并不会使档案体积变大，因此，若是有重复使用的物件，最好做成元件。

在本课件中，需要制作大量的试管、火焰、酒精灯、夹试管的架等元件。不同形状的试管元件，只需要绘制一个，其他将由它复制后再用箭头工具对其边缘进行修改，只需要修改边缘、颜色、大小和方向，用同样的方法绘制试验桌子。

2. 现成的位图打散

如果对图片要进行简单处理的话，可用分离打散的方法。下载图片后，在一个复杂的背景中，用 Photoshop 将需要的对象抠出存为.jpg 文件，再在 Flash 中导入，但导入后是有白色背景的，可选择“修改”→“分离”命令将位图分离打散，然后用箭头工具选择白色背景部分删除就行了。最后将它转换成元件。

3. 网上下载,最好是矢量图

到网上下载现成的矢量图是最快捷的方法,只要选择你需要的,其他部分删除就行了。

除了这些元件,还要将音乐导入到库中备用,用文字工具输入文字,分段做成一个个元件备用。还要制作导航用的按钮,按钮也是元件的一种。

大部分元件在集成前准备好,其他的元件也可以在做课件的过程中根据需要添加。

7.4.4 影片剪辑 MC 的制作

MC 也就是 Movie Clip,翻译成电影片段或影片夹子。下面以分解过氧化氢溶液制取氧气 MC 为例来讲解影片剪辑的制作方法。

新建一个元件,选择类型为"影片剪辑",就是一个 MC,取元件名为"影片:分解过氧化氢"。

1. 图层一

先选择一张图组成背景图,这张背景图在很多地方要用到,可以转换成一个背景元件。将这个背景拖至时间轴的图层一,让它保持一定数量的帧。

2. 图层二

第 2 帧设为关键帧,拖入文字:"制取氧气"。

第 3 帧插入关键帧,拖入文字:"一、分解过氧化氢溶液制取氧气"。

第 4 帧插入关键帧,这里要一个"过氧化氢"字闪烁的元件。要马上补一个元件。闪烁的效果运用一帧关键帧和一帧空白帧的反复来实现。

第 5 帧插入关键帧,出现装有溶液的试管,拖入文字:"过氧化氢溶液",如图 7.9 所示。

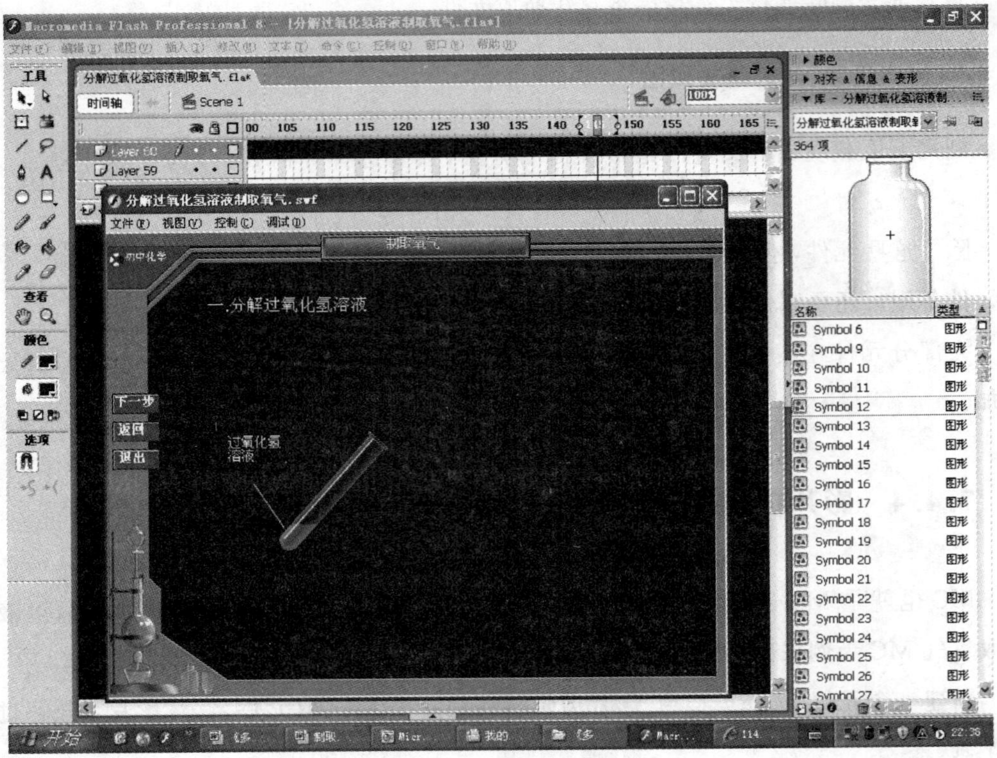

图 7.9 “分解过氧化氢”元件

第 15 帧插入关键帧,删除文字:“过氧化氢溶液”。

第 40 帧插入关键帧,拖入文字:“木条不能复燃。没有氧气放出”。

3. 图层三

第 20 帧设为关键帧,出现玻璃棒。

第 30 帧插入关键帧,在新的位置出现玻璃棒。

第 40 帧插入关键帧,在新的位置再出现玻璃棒。在各关键帧之间插入补间动画实现玻璃棒移动的效果,调整玻璃棒数量与颜色的深浅实现轨迹的效果。

可根据实际效果作相应的调整关键帧的范围,直到插入瓶中。

第 70 帧插入关键帧,出现酒精灯。

4. 图层四

此层设为 Action(动作命令),当然也可以将 Action 加在关键帧上,但单独为所有的 Action 设一个层有助于条理,看上去更专业。

在每个关键帧的上面 Action 层里,加一个 Stop 命令。

5. 图层五

既然有那么多 stop 命令,相应的交互就应该有 play 命令。现做按钮,这个按钮只有在本 MC 里才出现。"酒精灯"按钮元件第 1 帧是没有火焰的酒精灯,第 2 帧是拖火焰升起的酒精灯,第 4 帧插入空白关键帧,画一个与酒精灯大小差不多的框即可。将"酒精灯"按钮元件拖入图层 4,注意,所有的按钮也应该单独放一层。然后给"酒精灯"按钮元件一个 Play 的 Action,如图 7.10 所示。

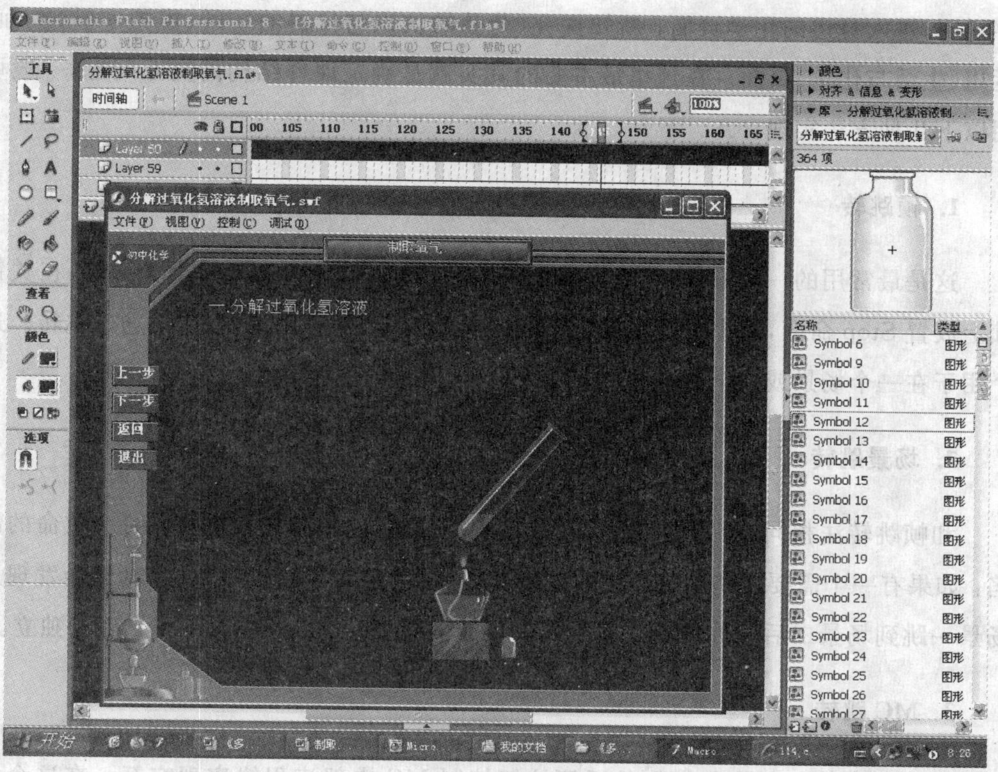

图 7.10 "分解过氧化氢"点燃酒精灯

这样以相同的方法根据脚本制作其他 MC。

小技巧：如何合理利用时间轴中的层文件夹？有时候因为层过多，就可以利用这个层文件夹来整理层的排列，方法就是把相关的层拖至文件夹就可以了，但要注意各个层的位置，以免位置打乱。

7.4.5 课件的组合

课件的组合可以用两种方法，就是放在一个场景或运用多个场景。一般已制作了 MC 的小影片，就只需要一个场景就能解决问题了。本课件需要用四个场景：片头、情景、实验、导航。按照脚本流程先做片头动画：上面有背景图，课题、执教老师、教材等文字信息；继续或进入按钮。声音按钮控制音乐停止与播放按钮，最后是导航页，这部分是本课件的主体。然后分别链入设疑（身边的化学）情景导入页面：三张图片，附文字说明，进入身边的化学页面；新知探究（药品的认识与仪器的装配、模拟实验）页面、运用（生活与化学）页面。在这里最主要的其实就是确定课件结构的交互问题，一般可用以下几种方法实现。

1. 帧跳转

这是最常用的一种方式，在流程线上每隔一段（如 10 帧）插入一个关键帧，在关键帧上放置 Stop 命令，每个关键帧放置不同的交互内容，然后用按钮 Play 进行跳转。这个用于在一个场景或一个 MC 里跳转。

2. 场景跳转

和帧跳转法相同，场景跳转使流程线结构更加清晰，但是场景跳转有一个致命的缺陷：如果有一个需要在整个电影中监视的变量，将其定义在场景一中，此时你会发现从场景一跳到场景二后的你的变量找不到。可能的话要让 Flash 中每个场景互相独立。

3. MC 跳转

将每个交互内容做成 MC，然后用按钮控制 MC 内部流程线实现交互。在这个课件中主要用这种方法。下面以火焰 MC 为例。

这个是放置在底下的按钮导航条，将各个 MC 放置在一个图层里，“酒精灯”MC 放在第 6 个关键帧，给“酒精灯” MC 的属性的实例名称改成“mc6”，然后将这些所有的按钮放在一层中，取名为“an1、an2、an3…”，给一个 Action，代码如下：

```
an1.onRelease = function(){
    _parent.gotoAndStop("Mc1");
}
an2.onRelease = function(){
    _parent.gotoAndStop("Mc2");
}
an3.onRelease = function(){
    _parent.gotoAndStop("Mc3");
}
an4.onRelease = function(){
    _parent.gotoAndStop("Mc4");
}
an5.onRelease = function(){
    _parent.gotoAndStop("Mc5");
}
an6.onRelease = function(){
    _parent.gotoAndStop("Mc6");
}
```

当然如果觉得此法很麻烦，不会用，也可以用简单的方法，给每个按钮元件添加 goto 语句，直接跳到相应的 MC 所在的帧数。

这三种方法可以综合运用。

7.4.6 常用功能的实现

1. 全屏

这是经常要使用到的功能，实现方法也很简单。在课件第一帧写入以下脚本即可。(注意引号)fscommand("fullscreen", "true")；如果要取消全屏呢？将第二个参数 true

改为 false 即可,fscommand("fullscreen",“false");也可以制作两个按钮,在按钮上分别写上这两句脚本,就可以用按钮控制课件的全屏状态了。

2. 禁止自动缩放

因为 Flash 是基于矢量的软件,因此使用 Flash Player 播放课件时,如果拖动 Flash Player 的边框使其放大或缩小,它播放的 Flash 课件也会随之放大和缩小。如果不希望这样,可以在课件第一帧写入以下脚本:fscommand("allowscale","false")。此脚本会禁用自动缩放功能。但是对使用播放器的“放大”和“缩小”命令进行手动缩放没有影响。要取消禁用,只需要将第二个参数 false 改为 true 即可。

3. 退出课件

将 fscommand("quit")写在按钮的 on(release)事件中,当释放此按钮时就可以退出课件。

4. 保护影片

在“发布设置”的 Flash 选项卡中,选中“防止导入”选项即可。还可以在此选项右边的输入框中设置准许导入的密码。

7.4.7 打包与发布

Flash 课件的发布有几种不同的形式,它们各有各的特点,可以根据具体情况进行选择。

1. 发布为.swf 文件

SWF 是 Flash 的打包影片格式,没有包含播放器程序,发布为 SWF 有以下几种方法:

(1) 选择“控制”→“测试影片”命令。此时 SWF 文件与源文件处于同一目录下。

(2) 选择“文件”→“导出影片”命令,在“文件类型”选项中选择“Flash 影片(*.swf)”。

(3) 选择“发布”→“发布设置”命令，在弹出的“发布设置”对话框中选中“Flash (*.swf)选项。如果勾选了“使用默认名称”选项，则导出的影片与源文件使用相同的名称。取消对此选项的勾选，就可以更改导出影片的文件名。单击“发布”按钮可以在源文件目录下导出 SWF 影片。

SWF 文件可以使用 Flash Player 播放。不过，SWF 文件需要相应的 Flash Player 版本支持。如果使用 Flash MX 制作课件，并且课件中使用了 Flash 5 不支持的内容(如视频导入等等)，最后导出的 SWF 文件就只能够用 Flash Player 6 播放。Flash Player 是向下兼容的，高版本 Flash Player 支持对旧版本影片的播放。

2. 打包成.exe 文件

在播放课件的计算机上没有 Flash Player 时，使用这种方式是最好的了。选择 Flash MX 的“文件”→“发布设置”命令，打开“发布设置”对话框，勾选“Windows 放映文件(.exe)”选项，单击“发布”按钮即可将课件打包成 EXE 文件。

如果当前没有源文件，只有 SWF 格式的影片，也可以先用 Flash Player 打开 SWF 影片，然后单击“文件”→“创建播放器”命令，在弹出的对话框写入文件名，即可将 SWF 影片打包成 EXE 文件了。

将 SWF 文件打包成 EXE 文件后，不论最终播放课件的计算机中是否安装了 Flash Player，都可以播放课件了。实际上，将 SWF 影片打包成 EXE，就是将 Flash Player 与 SWF 文件包装在一起。可以将打包的 EXE 文件大小减去 Flash Player 的文件大小，得到的数字正好就是 SWF 文件大小。

3. 发布到网页

有时希望在网络环境下使用课件，也就是发布成“网络课件”，这也是很简单的。只需要在“发布设置”中勾选 Flash 和 html 两个选项并发布即可。这时会在与源文件相同的目录下产生一个 html 文件，Flash 影片会被嵌入到这个 html 页中。双击这个文件就可以利用浏览器在网页方式下运行 Flash 课件了。

注意：为了使课件尽可能地小，以便在网络传播，尽量少用大面积的渐变，特别是形变，并保证在同一时刻的渐变对象尽量少，最好把各个对象的变化安排在不同时刻。还要少采用位图或者结点多的矢量图。线条或者构件的边框尽量采用基本形状，少采用虚线或其他花哨的形状。尽量采用 Windows 自带的字体，少用古怪的中文字体，尽量减少字体种类。少采用逐帧动画，动画输出时，采用适宜的位图及声音压缩比。

7.5 项目评估

(1) 界面设计美观、交互性好。

(2) 课件功能完整，可靠性好。

7.6 项目进一步延伸和拓展

本项目很多素材可先制作好再导入，如背景图片、各种按钮、标题文字设计好后用 PS 处理，片头与片尾可根据自己的技术能力加一些 3D 效果，冲击力可能会更强些。模拟实验可编程实现学生拖放仪器和自己做实验的效果，并对学生所做的过程给出评价。这样，学生的自主学习性更强。

第 8 章

虚拟仿真课件的设计与制作

本章提要

利用虚拟仿真技术开发课件可以弥补传统课件真实度和临场感不强的缺陷。本章主要分三个部分对虚拟仿真课件的设计及制作进行介绍。以《牛顿第一定律》为例，对课堂教学过程及课件进行具体设计，并利用 3ds Max 软件完成了相应课件的具体制作，最后对整个项目进行了评估。

本章重点

- 虚拟仿真技术的特点及要求
- 虚拟仿真课件的设计
- 虚拟仿真课件的具体制作和实现过程

8.1 项目背景及要求说明

8.1.1 基于3ds Max的虚拟仿真实验课件的应用背景

3ds Max是Autodesk公司出品的三维动画渲染和制作软件，目前最新版本为3ds Max 2014。软件前身为基于DOS操作系统的3D Studio系列软件，目前发布的版本中均已采用图形化的用户操作界面，使用更加方便。软件提供了强大的三维建模、材质渲染和动画制作功能，现已广泛应用于广告设计与制作、影视动画、工业设计、建筑设计、游戏和辅助教学等领域。3ds Max为用户提供了标准的用户开发接口，使用户可以自行开发或添加所需的外部插件，如使用Sand Blaster插件可以制作出粒子系统，使用Colorize可制作出彩色化纹理效果，这些插件极大地丰富了软件的功能，同时用3ds Max开发出来的作品可以更加容易地与其他软件结合使用。

相比较于Flash等二维动画制作软件，利用3ds Max进行建模可以产生更好的立体效果，临场感较强。它有强大的场景和动画设置功能，使得动画制作更加简便，容易上手。

8.1.2 基于3ds Max的虚拟仿真实验课件设计及制作要求

1. 项目的总体目标

本项目要求学生在进行完整的教学设计的基础上，利用3ds Max制作课件中所需的动画效果，并结合其他软件制作出配合课堂教学使用的教学课件，从而掌握利用3ds Max制作课件的技能。

2. 项目实践环境要求

项目实践环境要求主要包括硬件要求和软件要求两个方面，具体要求如表8.1

所示。

表 8.1　项目实践环境要求

硬件最低要求	Intel Pentium Ⅲ 500MHz 或 AMD 500MHz 以上的 CPU； 512 MB RAM 和 500MB 硬盘空间(推荐 2GB 硬盘空间)； 支持 1024×768、16 位真彩的 64MB 显存的显卡，支持 OpenGL 和 Direct3D 硬件计算(推荐支持 1024×768、32 位真彩的 256MB 显卡的显卡)； 光驱
软件要求	Microsoft Internet Explorer 6 或更高版本； 补充软件：DirectX 9、OpenGLH1(可选)

下面以初中物理《牛顿第一定律》为例，说明如何利用 3ds Max 制作多媒体课件。

8.2　课件需求分析

目前我国中学课堂中所使用的动画课件多是利用 Flash 进行开发制作的，这类软件虽然可以很好地模拟物体的运动特性，但存在着画面简单，真实度和临场感不强的缺陷，使得这些课件在课堂教学中难以吸引学生的注意力，达不到预期的教学目标。利用 3ds Max 开发的课件可以更好地模拟物体的物理特性，制造较好的临场感，模拟较为复杂的运动过程，提供高精度的动画效果，这些特性使得 3ds Max 成为制作高精度教学课件的理想选择。

8.3　课件系统设计

8.3.1　课件总体概述

由于牛顿第一定律描述的是物体不受力时的运动状态，教师难以还原真实的实验场景，学生在学习该知识时需要具有较强的想象力。本项目借助计算机模拟动画效果，尽可能真实地再现实验场景，使学生能够直观、形象地了解牛顿第一定律的具体内容，从而构建完整的知识体系。

本课件利用 3ds Max 8.0 进行开发，模拟初中物理中牛顿第一定律的实验过程，利用 3ds Max 输出视频动画，并可控制实验进度。动画设计简洁大方，可控性好，易于操作。

8.3.2 设计思路及特色

设计思路：通过模拟实验让学生通过观察、讨论等自主探究活动，分析不同介质的平面上物体的运动状态，并归纳出物体运动状态的改变与哪些因素有关，从而理解牛顿第一定律；利用惯性小车实验类比汽车突然刹车，乘客向前倾倒的现象，调动学生学习的积极性，引导学生归纳惯性产生的原因。在本节课中，将实验与学生自主探究相结合，充分发挥学生的认知主体作用。

8.3.3 教学设计

1. 教学内容分析

《牛顿第一定律》是人教版九年义务教育九年级物理第十二章《运动和力》中第五节的教学内容。本节的主要内容有：牛顿第一定律的得来和内容；惯性的概念以及对惯性现象的认识。本节课的学习是本章学习的一个综合，又是初中力学的一个开端。教材的特点是既注重科学探究，又与日常生活紧密联系，把物理这门基础自然科学与历史、生活、社会有机地结合，是培养全体学生科学素质的一次良机，又体现了从生活走向物理，再从物理走向社会的教学理念。

2. 教学目标

(1) 知识、技能目标

① 通过本课的学习，能够正确描述牛顿第一定律的内容，知道力不是维持物体运

动的原因，而是改变物体运动的原因；

② 能够举例说明哪些现象属于惯性现象，知道一切物体都有惯性。

(2) 过程、方法目标

① 借助于模拟实验，探究阻力对物体运动的影响；

② 通过师生共同举例，体验一切物体都有惯性；

③ 了解观察、实验和推理都是研究物理的基本方法。

(3) 情感、态度与价值观目标

① 通过活动和阅读感受科学就在身边，学习科学研究的态度和方法；

② 培养学生的观察能力、逻辑推理能力和科学想象能力；

③ 通过惯性现象，向学生进行交通安全教育。

3. 教学重难点分析

(1) 教学重点

用实验探究物体不受力时怎样运动；理解惯性是物体能保持原来运动状态不变的一种属性。

(2) 教学难点

探究"受力物体怎样运动"的推理过程；解释日常生活中与惯性有关的物理现象。

4. 学习者特征分析

(1) 学生是初中三年级的学生，对生活中的物理现象有浓厚的兴趣，具有较强的探究欲望；

(2) 学生具备了一定的自学能力，通过以前的探究学习活动，学生对科学探究也有一些体验；

(3) 学生已经学习了机械运动、力的作用效果，为本节课的学习做好了铺垫；

(4) 初三学生经过一年的物理学习，观察、实验、分析概括能力已经初步形成，具备了一定的实验技能，为本节课的自主探究打下了基础。

5. 教学策略分析

(1) 情景激励策略：通过播放课件，展示视频材料，通过观察生活中的相关情景，激发学生的兴趣，调动学生学习积极性，引导他们自主探究运动与力的关系；

(2) 问题目标引导探究策略：通过问题驱动，引导学生分析问题、设计问题解决的思路、步骤和方法；

(3) 实验探究式学习策略：通过交互式动画，进行实验探究，为学生提供适当的动手操作的机会，引导学生进行实验探究，对实验现象进行对比分析，归纳总结实验结果。

6. 教学环境和资源设计

项目所需教学环境及资源设计如表 8.2 所示。

表 8.2 教学环境和资源设计

知识点	学习目标	媒体类型	媒体内容要点	教学作用	使用方式	所得结论	时间
运动与力的关系	认识现象	演示视频	物体运动过程	通过关闭发动机的列车会停下来；自由摆动的秋千会停下来；草地上滚动的球会停下来等视频激发学生兴趣，并学会从生活中提出问题	演示	力可以改变物体的运动状态	8
探究力与运动的关系	探究基本规律	演示实验录像动画	物体在不同介质表面运动过程	通过动画设置三个对比实验，让学生在观察与讨论中，发现问题，提出问题，解决问题，从中培养科学观察，综合分析问题的能力及实事求是的科学态度	演示讨论启发总结	运动介质表面越粗糙，物体所受阻力越大，在平面上滑动距离越小。 牛顿第一定律：物体在没有受到力的作用时总是保持静止或匀速直线运动	8
惯性现象	理解现象的原因	动画	小车模拟汽车刹车时乘客向前倾倒	学生观察动画，发现问题，提出问题，并就问题产生原因进行探究，从而培养分析问题解决问题的能力	演示讨论启发总结	惯性是物体保持原来运动状态的一种属性；一切物体都有惯性	10
惯性的利弊	辨认现象	电脑课件	相关内容的图片和视频	由惯性产生的原因引出惯性对于日常生活的影响，将理论结合实践进行探究	演示讨论启发总结	事物都是一分为二的，惯性给我们带来许多便利的同时也给我们带来许多不便	4

7. 教学过程

具体教学过程如表 8.3 所示。

表 8.3 教学过程

<table>
<tr><th>教学流程</th><th>教师活动</th><th>学生活动</th><th>设计意图</th></tr>
<tr><td rowspan="2">情景引入</td><td>(课件展示)关闭发动机的汽车会停下来;自由摆动的秋千会停下来;草地上滚动的高尔夫球会停下来等</td><td>观察课件</td><td rowspan="2">让学生明确本课的学习内容,激发学习兴趣</td></tr>
<tr><td>(提问) 在这些现象中,力和运动有什么关系</td><td>思考、回答表达自己的看法</td></tr>
<tr><td rowspan="2">自主探究</td><td>(课件展示)亚里士多德和伽利略分别对力和运动的关系的认识</td><td>自主学习教材相关内容</td><td rowspan="2">使学生对力和运动的关系有个初步的认识</td></tr>
<tr><td>(提问) 二者观点有何异同</td><td>分析资料,思考回答</td></tr>
<tr><td rowspan="2">实验探究①</td><td>(引导)利用物体从斜面滑下这一过程探究本问题</td><td>组内交流</td><td>与旧知识相衔接,为探究新知识作准备</td></tr>
<tr><td>(课件展示) 具体内容:<table><tr><th>实验编号</th><th>物体滑动远近</th></tr><tr><td>① 水平路面介质为毛巾</td><td></td></tr><tr><td>② 水平路面介质为棉布</td><td></td></tr><tr><td>③ 水平路面介质为木板</td><td></td></tr></table></td><td>学生按表格内容做好实验并观察实验现象、记录实验数据、分析实验结果</td><td>体会控制变量法来研究物理问题,体现学生的主体地位。
培养学生实验观察能力和操作能力,培养学习小组的团结协作精神</td></tr>
<tr><td rowspan="3">引导发现</td><td>(提问)实验中的相同条件是什么?
实验中的不同条件是什么?
我们可以得到的初步结论是什么?
(引导) 学生讨论、回答上述问题、归纳实验结果</td><td>小组讨论、交流、回答问题,归纳实验结论</td><td>培养合作意识,养成实事求是的科学态度</td></tr>
<tr><td>(评价) 对学生的讨论情况适当赞许和鼓励,并得出初步结论:物体运动的远近与路面介质有关</td><td>学生相互评价</td><td>增强学生的成就感和愉悦感</td></tr>
<tr><td>(发散思维) 若受到的阻力消失了小车将怎么运动?
(推导) 牛顿第一定律:一切物体在没有受到力的作用的时候,总保持静止状态或匀速直线运动状态</td><td>阅读教材,探究问题</td><td>分析实验得出牛顿第一定律</td></tr>
</table>

续表

教学流程	教师活动	学生活动	设计意图
话题引入	从牛顿第一定律可以知道，一切物体都有保持原有运动状态的特性，原来静止的保持静止状态，原来运动的保持匀速直线运动状态，在物理学中用惯性来描述这一特性		承上启下，加深知识理解
	(展示) 惯性定义：物体保持运动状态不变的性质叫做惯性，牛顿第一定律也叫惯性定律	学生记忆惯性概念，回忆生活中的惯性	
实验探究②	(演示实验内容) 实验内容：利用小车类比汽车突然刹车，顾客向前倾倒的现象	学生观察实验，探究实验现象的原因	通过自己操作进一步理解惯性现象
	(提问) 在上述例子的基础上对于惯性你还想知道什么？ 例如惯性的大小与什么有关？什么样的物体有惯性？惯性的大小是否与速度有关？如何描述物体的惯性	思考、讨论提出的问题，自主探究问题答案	
引导发现	(提问) 惯性都有哪些特性？ 总结：一切物体都有惯性，惯性的大小与质量有关，与速度无关，应说物体有惯性或由于惯性，但不能说惯性的作用	归纳惯性特性	使学生对惯性有进一步的认识，全面了解惯性
	(提问) 生活中还有哪些现象与惯性有关？ (扩展) 事物都是一分为二的，惯性给我们带来许多便利的同时也给我们带来许多不便。如：快速行驶的汽车不能立即停下来，容易引发交通事故。 交通部门都采用了哪些措施？发布了哪些禁令？为了安全，在汽车上安装了哪些防止惯性带来的危害的装置	举例回答问题，阅读课本相应内容，了解知识	引导学生将所学知识与实践相结合
知识总结	惯性是物体的一种性质，一切物体在任何时间、任何地方、任何情况下都有惯性。惯性是由物体的质量决定的，而牛顿第一定律是物体不受力的作用时，由于惯性表现出的运动规律，其实质是说明力不是维持物体运动的原因，力是改变物体运动状态的原因。维持物体运动的原因是物体具有惯性，所以牛顿第一定律也叫惯性定律	学生进一步理解牛顿第一定律及惯性现象	知识升华
课堂小结	1. 牛顿第一定律的内容 2. 惯性		

8. 教学评价设计

教学评价以教师对学生的评价为主，也包括学生之间的评价；主要针对学生回答问题的内容、语言表达能力、知识掌握程度、逻辑思维能力等进行评价；对过程、方法和情感态度、价值观的评价穿插于学生学习探究过程中；对知识和技能方面的评价既包括在整个学习过程中，也包括课后作业及考试测验中，以便及时发现疏漏加以弥补、提高。

具体教学流程如图 8.1 所示。

8.3.4 脚本设计

1. 文字脚本

课件文字脚本如表 8.4 所示。

表 8.4　课件文字脚本

课件名称	《牛顿第一定律》多媒体课件		
脚本作者	xxx		
制作人员	xxx		
适用对象	初中三年级学生		
课件模式	模拟、课堂演示、操作与练习		
课件的知识点划分			
	知识点	素材形式	教学目标
知识单元	情景导入	文字、视频、解说	创设情景，引入新课。运动和力的关系存在于生活的各种场合。猜测运动和力的关系如何
	模拟实验①	动画	新课教学，层层探究。猜测运动和力存在何种关系。通过模拟对比试验，归纳运动和力的关系；推导牛顿第一定律
	模拟实验②	动画	通过模拟汽车刹车时，顾客向前倾倒的现象，探究其原因。了解惯性知识，归纳惯性特性。明确惯性产生的条件
	知识扩展应用	文字、图片	学习应用，自主探索。掌握牛顿第一定律及惯性定律的内容和应用。知道惯性给我们带来许多便利的同时也给我们带来许多不便。要合理利用惯性知识造福人类

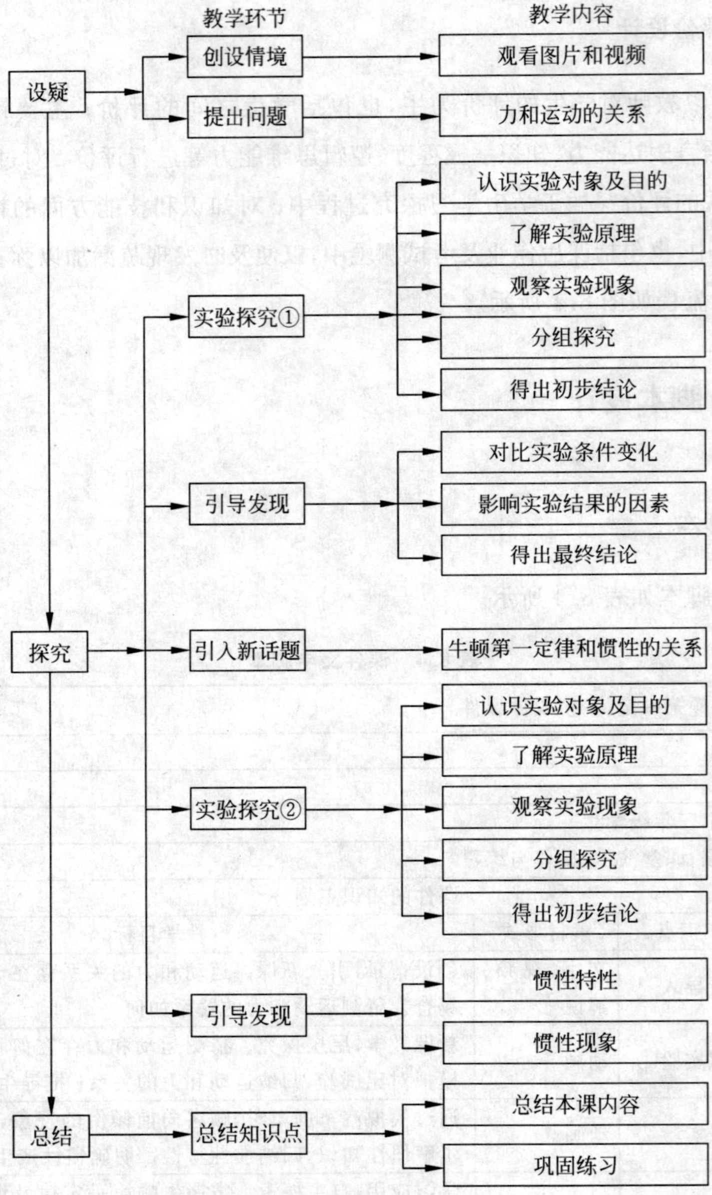
教学环节
教学内容
设疑
创设情境
观看图片和视频
提出问题
力和运动的关系
认识实验对象及目的
了解实验原理
观察实验现象
实验探究①
分组探究
得出初步结论
对比实验条件变化
引导发现
影响实验结果的因素
得出最终结论
探究
引入新话题
牛顿第一定律和惯性的关系
认识实验对象及目的
了解实验原理
实验探究②
观察实验现象
分组探究
得出初步结论
惯性特性
引导发现
惯性现象
总结本课内容
总结
总结知识点
巩固练习

图 8.1 教学流程

2. 制作脚本

(1) 欢迎界面：呈现课题名、执教者、教材等文字信息。

(2) 导航页：模拟实验一(牛顿第一定律)、模拟实验二(惯性)。

(3) 实验模型：实验一模型(滑块、滑面等),实验二模型(小车,小球,障碍物)。

(4) 实验动画制作：模拟物体从斜面顶端滑下的动画；模拟载有小球的小车碰到障碍物时,车上的小球飞了出去的动画。

(5) 后期整合：将牛顿第一定律和惯性实验整合进其他教学课件,辅助课堂教学的顺利进行。

8.4 模拟实验的制作及实现

在对前面的脚本进行分析设计的基础上,开始利用 3ds Max 来完成整个课件中动画的制作。

8.4.1 环境与模型的创建

1. 物体建模

本课件中涉及到两个实验：牛顿第一定律实验和惯性实验。因此,在进行建模时要针对不同的实验所用的到的物体模型分别进行建模。

实验一：牛顿第一定律

在牛顿第一定律实验中所使用到的模型主要有滑块、滑面和工作台。

滑块：使用基本图形中的长方体就可实现基本建模,并适当调整模型的大小和形状。具体设置如图 8.2 所示。

滑面：本实验中共有三个对比实验,在不同的实验中对斜面的要求也不相同。制作过程如下。

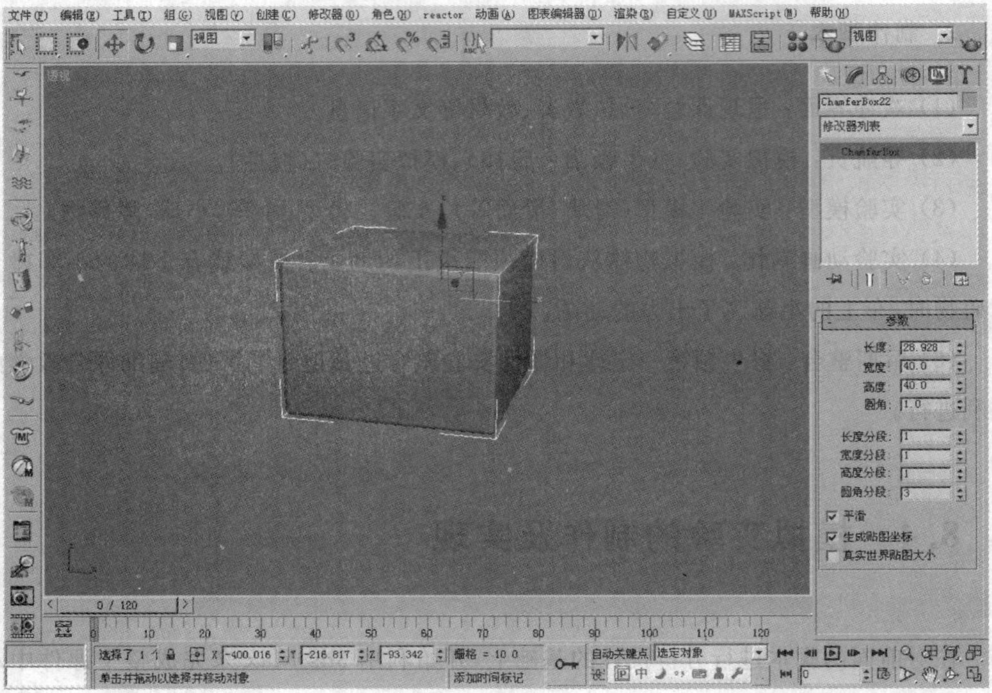

图 8.2 创建滑块

(1) 使用样条线绘制斜面的倾斜路径，调整样条线的大小，使样条线的形状符合斜面的弯曲状态。

(2) 在二维图形中选择矩形，绘制一个矩形，并设置矩形的半角参数为 1.0，使放样出来的斜面具有切角效果。

(3) 单击放样，制作斜面模型，如图 8.3 所示。

图 8.3 经放样后滑面的最终效果

工作台：工作台主要利用切角长方体进行建模。分别制作桌面和桌角，设置切角长方体的长、宽和高度，然后调整桌面和各个桌角的位置，使之组合成一个桌子的模型，如图 8.4 所示。

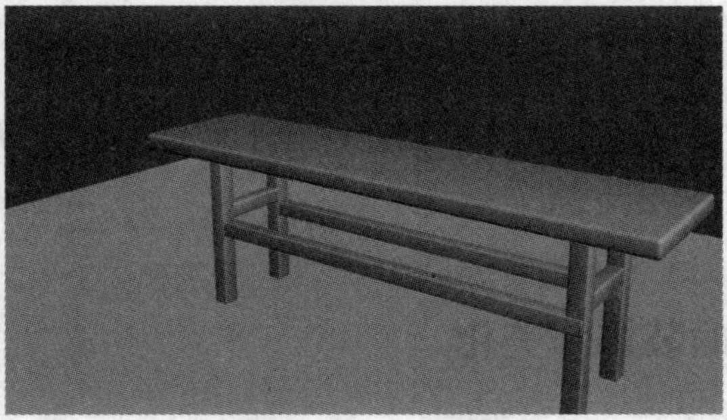

图 8.4 工作台模型

实验二：惯性

在惯性实验中主要使用到的模型有：小车、小球、障碍物和工作台。

小车：实验中的小车主要由车身和车轮构成，为简化制作过程，车身利用长方体进行建模，而车轮则利用圆柱体进行建模，具体参数设置如图 8.5 和图 8.6 所示。

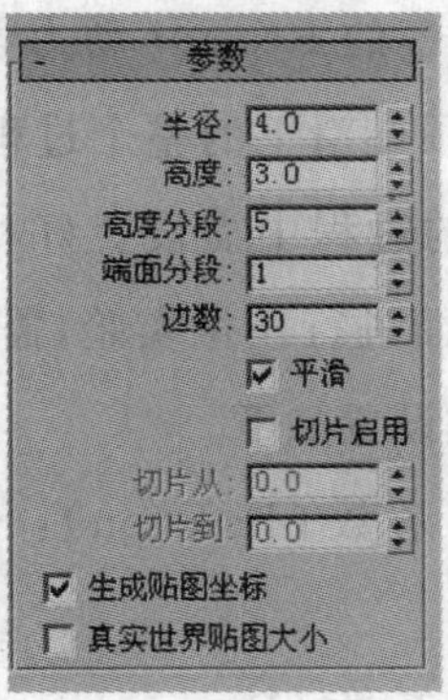

图 8.5 车轮模型

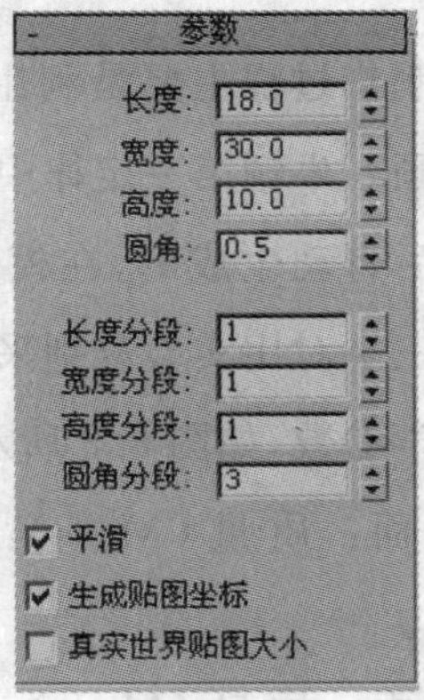

图 8.6 车体模型

小球：从基本图形中选择球体，并进行大小设置。

障碍物：在本实验中，将障碍物设计成长方体形状，建模方式与牛顿第一定律实验中滑块的制作相似，这里就不作介绍了。

工作台：工作台的建模与牛顿第一定律模拟实验中工作台的制作类似，这里就不再介绍，请同学们自行学习。

2. 环境创建

为了使环境更加美观，可以为实验创建一个平面作为地面，并为地面添加地板材质，在地板周围设置灯光效应，美化实验环境。

8.4.2 模型的装饰与美化

为了使建模的物体更加美观、真实感更强，特为各个模型添加相应材质：为滑块添加木材的材质；为三个斜面分别添加木材材质、棉布材质和毛巾材质；为惯性实验中的小车和圆球添加材质，如图 8.7 所示。

8.4.3 动画制作

实验的动画制作过程主要是利用 3ds Max 自带的 Reactor 动力学动画，同时辅助使用一些基本动画。牛顿第一定律中物体从斜面顶端滑下的整个过程都是 Reactor 系统进行模拟计算后自动生成的，在模拟物体滑下的过程中需设置好相应的物理参数。牛顿第一定律中三个对比实验分别采用不同的滑面进行模拟实验，需为各实验中滑面设置不同的动力学参数，如图 8.8 所示。相关参数设置如下。

(1) 木板滑面：质量(Mass)：0.0；摩擦系数(Fraction)：0.1；弹性系数(Elasticity)：0.1。

(2) 棉布滑面：质量(Mass)：0.0；摩擦系数(Fraction)：0.2；弹性系数(Elasticity)：0.1。

(3) 毛巾滑面：质量(Mass)：0.0；摩擦系数(Fraction)：0.5；弹性系数(Elasticity)：0.1。

设置好滑面的动力学参数后，在 Reactor 动画预览窗口 Preview Animation 中预览

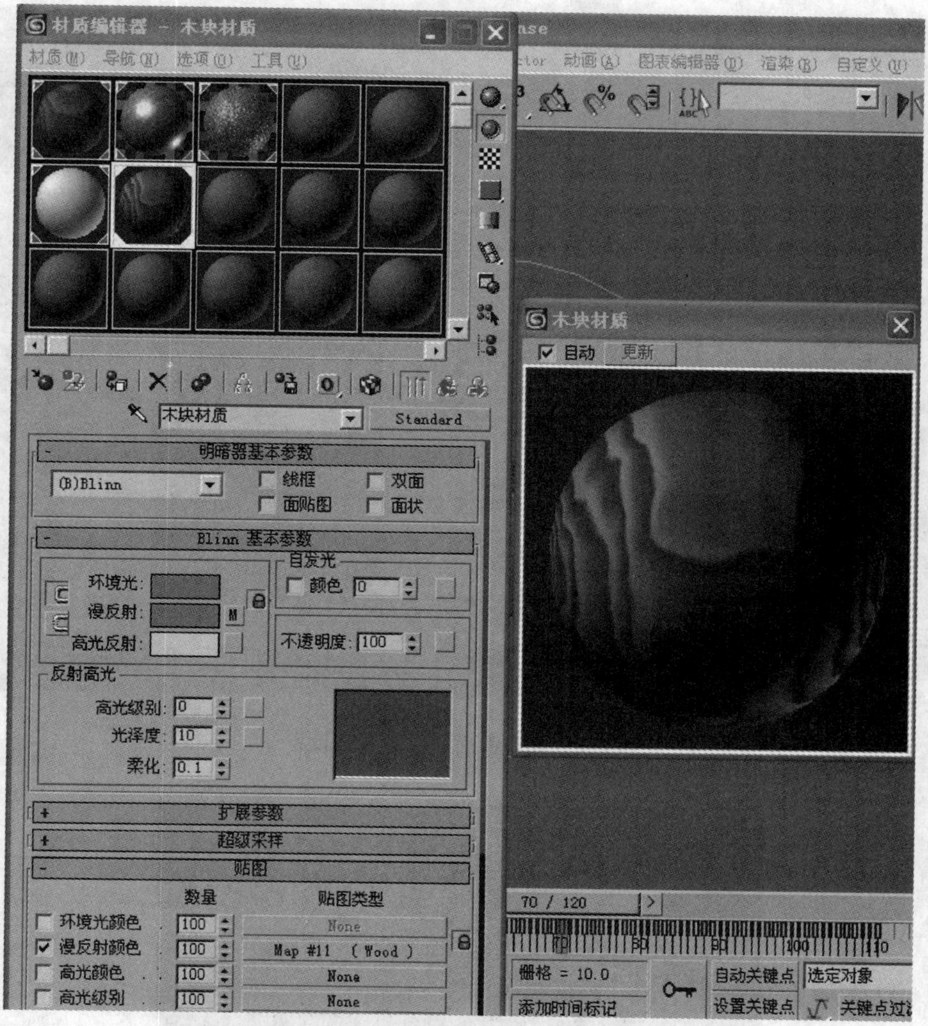

图 8.7　为小球添加材质

动画模拟计算效果，根据预览效果可对上述动力学参数进行适当调整，直到满意为止。最后，通过生产命令 Create Animation 将动画效果生成关键帧。最终效果如图 8.9 所示。

惯性实验中，小车碰撞障碍物动画主要涉及到车轮滚动动画和小球飞出动画，具体制作过程如下。

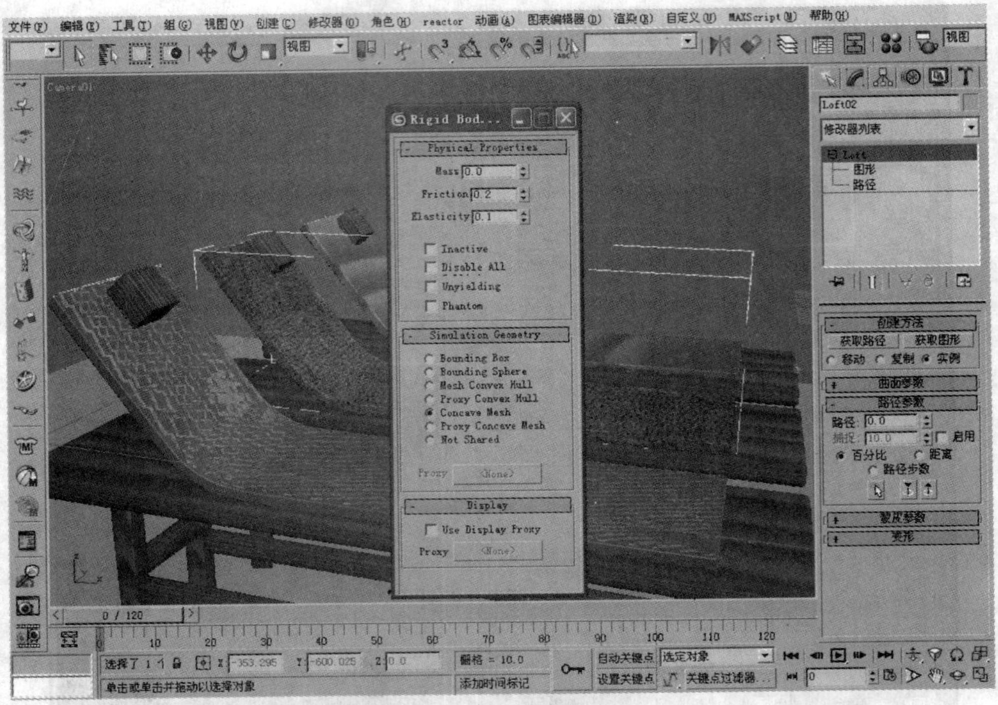

图 8.8　棉布滑面动力学参数设置

图 8.9　牛顿第一定律最终动画效果

(1) 车轮滚动动画

制作关键帧，在关键帧中利用旋转操作方法，将车轮向前旋转 180°；选用父子连接工具将车轮连接到车身；将小球也用父子连接工具连接到车身，其中小球作为子对象进行连接。

(2) 小球飞出动画

在小车到达障碍物处设计关键帧，设计小球飞出动画，动画效果类似于平抛效果；小球在落到地面后向前滚动一段距离后停止；小球在整个过程中始终处以旋转状态。

动画最终效果如图 8.10 所示。

图 8.10 惯性最终动画效果

8.4.4 渲染输出

渲染输出是 3ds Max 制作的最后一步，所谓渲染就是将场景中各种要素处理成图像或动画的形式并进行保存。

在本课件中，将课件输出为视频动画的格式。具体操作如下。

(1) 单击菜单栏的“渲染”按钮，弹出下拉选项菜单，如图 8.11 所示。

(2) 选择“渲染”菜单命令，弹出“渲染设置”对话框，时间输出选择“活动时间段”，范围从 0 帧到最大的帧数，如图 8.12 所示。

(3) 设置视频画面分辨率大小和其他选项。然后,在保存文件前面打勾"√",单击文件,设置保存路径、文件名字、视频格式,如图 8.13 所示。单击"确认"按钮保存文件。

(4) 单击"渲染"按钮,开始渲染。

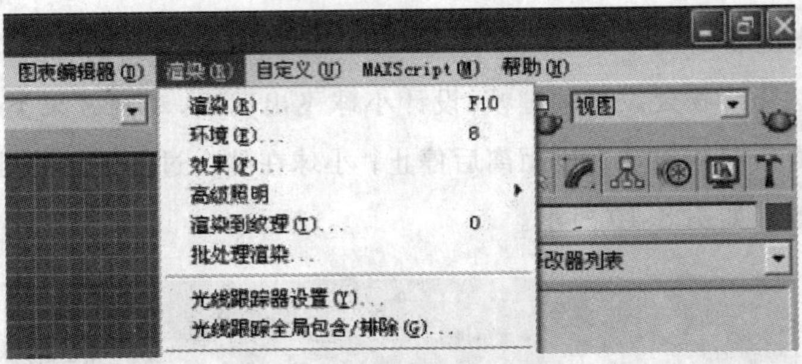

图 8.11 渲染菜单

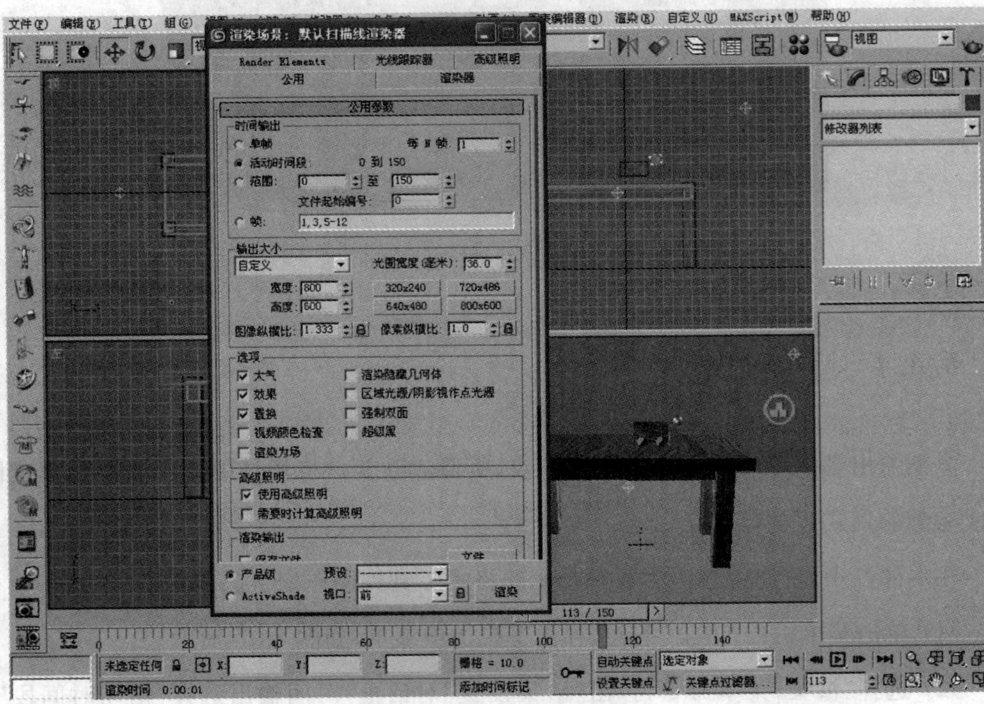

图 8.12 渲染对话框

图 8.13 保存文件

8.4.5 课件整合

将 3ds Max 制作的两个模拟实验与其他媒体素材进行整合。整合工具根据需要可以选择使用 PowerPoint、Flash 等。课件其他教学内容的制作就不在这里详述了，请同学们自行设计制作。

8.5 项目评估

(1) 教学设计方案合理、有效，能恰当运用多媒体手段，能取得较好的教学效果。

(2) 课件制作符合牛顿第一定律和惯性的原理，能反映其本质。

(3) 课件结构完整,能够较好地辅助教师课堂教学活动,提高教学效果。

8.6 项目进一步延伸和拓展

可将实验中建模物体的形状和物体所使用的材质进行调整,达到美化实验的效果。此外,在设置模拟动画参数时,可根据需要进行调整,从而在实验中控制物体运动的速度和运动的轨迹,使学生对牛顿第一定律有一个更加清楚的认识。

此外,在对课件进行整合时,可以为课件添加音乐、背景图案等,使课件更加生动。

参考文献

[1] 乔立梅. 多媒体课件理论与实践[M]. 北京：清华大学出版社，2011.

[2] 刘美凤，康翠. 多媒体课件教学设计[M]. 北京：高等教育出版社，2013.

[3] 张洪定，王岚. 多媒体课件制作技术[M]. 北京：高等教育出版社，2013.

[4] 何克抗. 教育技术培训教程(教学人员初级)[M]. 北京：高等教育出版社，2005.

[5] 董建明. 人机交互：以用户为中心的设计和评估[M]. 北京：清华大学出版社，2007.

[6] 王志军. 多媒体教学软件设计与开发[M]. 北京：高等教育出版社，2006.

[7] 祝智庭，瞿堃. 多媒体 CAI 课件设计与制作基础[M]. 北京：电子工业出版社，1999.

[8] 刘毓敏，梁斌. 教育信息资源开发与应用[M]. 北京：国防工业出版社，2007.

[9] 张军征. 多媒体课件设计与制作基础[M]. 北京：高等教育出版社，2004.

[10] 孙爱芳. Authorware 7.0 课件 · 光盘 · 游戏制作[M]. 北京：电子工业出版社，2004.

[11] 东方人华. Authorware 7.0 范例入门与提高[M]. 北京：清华大学出版社，2005.

[12] 徐超. Director 11 完全自学教程[M]. 北京：机械工业出版社，2009.

[13] 王苏平. Director 11 多媒体开发实用教程[M]. 北京：清华大学出版社，2009.

[14] 何立锋. Director 11 多媒体开发基础与实战[M]. 北京：清华大学出版社，2009.

[15] 吴亚萍. 大学英语精读多媒体教学光盘与辅助课件配合使用探索. 教育探索，2007(9)：127-128.

[16] 柳铉德. PowerPoint 成功演示文稿设计范例精解[M]. 北京：中国青年出版社，2007.

[17] 段新昱. 多媒体基础与课件创作[M]. 北京：科学出版社，2009.

[18] 薛定稷. 中小学教师信息技术应用基础[M]. 上海：华东师范大学出版社，2002.

[19] 刘炳文. Visual Basic6.0 Win32 API[M]. 北京：清华大学出版社，2001.

[20] 刘建东. 特效视窗 Visual Basic 开发高级界面实例[M]. 北京：人民邮电出版社，2006.

[21] 前导工作室. Visual Basic 6 开发人员参考手册[M]. 北京：机械工业出版社，2000.

[22] 晶玉课件创作组. 多媒体课件制作实践[M]. 北京：机械工业出版社，2003.

[23] 时良明. 多媒体技术教育应用实验指导[M]. 北京：清华大学出版社，2010.

[24] 吴疆. 现代教育技术教程(二级)(第三版)[M]. 北京：人民邮电出版社，2009.

[25] 郭庚麒. Flash CS3 中文版高级教程[M]. 北京：人民邮电出版社，2009.

[26] 李永. Flash 多媒体课件制作范例导航[M]. 北京：清华大学出版社，2006.

[27] 李书明. 多媒体技术及教育应用[M]. 北京：清华大学出版社，2006.

参考文献

[1] 舒文杰. 多媒体课件[illegible]. 北京: 清华大学出版社, 2011

[2] 刘[illegible]. 多媒体课件[illegible]. [illegible]出版社, 2013

[3] [illegible]. 多媒体课件[illegible][M]. 北京: [illegible]出版社, 2006

[4] 何克抗. [illegible]. 2005

[5] [illegible]. 2002

[6] [illegible]. 2006

[7] [illegible]

[8] [illegible]

[9] [illegible]. 2006

[10] [illegible]. Authorware [illegible]. 2004

[11] [illegible]. Authorware [illegible]. 2004

[12] [illegible]. Director 11 [illegible]. 2009

[13] [illegible]. Director 11 [illegible]. 2009

[14] [illegible]. Director 11 [illegible]. 2009

[15] [illegible]. 2007([illegible]): 127-128

[16] [illegible]. PowerPoint [illegible]. 2002

[17] [illegible]. 2006

[18] [illegible]. 2005

[19] [illegible]. Visual Basic [illegible]. 2004

[20] [illegible]. Visual Basic [illegible]. 2005

[21] [illegible]. Visual Basic [illegible]. 2000

[22] [illegible]. 2003

[23] [illegible]. 2010

[24] [illegible]. 2009

[25] [illegible]. Flash [illegible]. 2007

[26] [illegible]. Flash [illegible]. 2006

[27] [illegible]. 2008